图书馆信息资源建设发展研究

韩雨彤 常飞 著

应急管理出版社

·北京·

图书在版编目（CIP）数据

图书馆信息资源建设发展研究／韩雨彤，常飞著．
——北京：应急管理出版社，2020
ISBN 978－7－5020－8299－4

Ⅰ.①图⋯　Ⅱ.①韩⋯　②常⋯　Ⅲ.①图书馆—信息资源—资源建设—研究　Ⅳ.①G250.73

中国版本图书馆 CIP 数据核字（2020）第 170527 号

图书馆信息资源建设发展研究

著　　者	韩雨彤　常　飞
责任编辑	成联君
责任校对	陈　慧
封面设计	贝壳学术
出版发行	应急管理出版社（北京市朝阳区芍药居 35 号　100029）
电　　话	010－84657898（总编室）　010－84657880（读者服务部）
网　　址	www.cciph.com.cn
印　　刷	天津雅泽印刷有限公司
经　　销	全国新华书店
开　　本	710mm×1000mm $^{1}/_{16}$　印张 14　字数 201 千字
版　　次	2020 年 11 月第 1 版　2020 年 11 月第 1 次印刷
社内编号	20200417　　　　定价　68.00 元

版权所有　违者必究

本书如有缺页、倒页、脱页等质量问题，本社负责调换，电话：010－84657880

前　言

随着计算机技术、互联网技术以及多媒体技术等先进技术的飞速发展和广泛应用，信息资源的采集、传播和利用正在发生前所未有的变革。信息资源建设是图书馆和其他类型信息机构开展各项业务工作和服务工作的一项核心性基础工作，它也成为当今图书馆界备受关注的研究领域之一。

本书就是基于上述背景，对图书馆信息建设的理论、采访工作、组织管理、开发利用、资源配置、共建共享等方面进行了阐述，具有较强的理论性，既是对图书馆信息资源建设实践的总结，又是对未来建设趋势的探索。

全书分为四章，第一章信息资源建设概述。从信息资源的基础理论入手，对信息资源的概念及信息资源建设的概念做了学术上的界定，并梳理了信息资源建设领域的理论研究的发展脉络，为本书奠定了扎实的理论基础。第二章图书馆信息资源建设。锁定图书馆载体的信息资源建设，详细阐述了影响图书馆信息资源建设的因素，并分门别类地探讨了印刷型资源和数字资源的组织管理方法。第三章图书馆信息资源配置。从馆藏信息资源配置的目标与策略、各类资源的配置与采集两个维度，从实践层面对图书馆如何更为高效地合理配置资源进行了实操方法的探究。第四章图书馆信息资源共建共享。详细阐述了信息资源共建共享的理论，以及如何从实践层面保障信息资源共建共享。全书理论结合实践，分析了图书馆资源建设发展的现状，同时也给出了今后发展的建议。

  本书的内容由韩雨彤和常飞合著而成，韩雨彤主要撰写第一、二章，约十万余字，常飞主要撰写第三、四章，约十万余字。由于水平有限，难免有纰漏之处，在此恳请专家、读者批评指正。

目 录

第一章 信息资源建设概述　　1
第一节 信息资源　　3
第二节 信息资源建设　　39
第三节 信息资源建设的理论研究　　54

第二章 图书馆信息资源建设　　71
第一节 影响信息资源建设的因素　　73
第二节 印刷型馆藏的组织管理　　82
第三节 数字馆藏的组织管理　　96

第三章　图书馆信息资源配置　　　115

　　第一节　理论发展　　　117

　　第二节　馆藏信息资源配置的目标与策略　　　130

　　第三节　图书馆各类资源的配置与采集　　　140

第四章　图书馆信息资源共建共享　　　159

　　第一节　信息资源共建共享的基本认识　　　161

　　第二节　图书馆信息资源共建共享理论　　　180

　　第三节　图书馆信息资源共建共享的保障　　　198

参考文献　　　215

第一章
信息资源建设概述

第一节　信息资源

20世纪90年代以来，随着科学技术的不断发展和进步，信息资源作为生产要素与社会财富，和能源、材料等物质资源一样，成为国家重要的战略资源，在社会资源结构中具有不可替代的地位，对社会经济发展起着重要的作用。当今世界，谁掌握了更多的信息资源，谁就掌握了主动权，谁就拥有更多的话语权。因此，任何一个国家，不管是经济财富、政治实力、军事力量的增长，还是科技水平、国民文化素养的提高，都离不开信息资源的开发与利用。开发和利用信息资源的规模、水平与程度，也成为反映一个国家综合国力的重要标志。

一、信息

（一）信息的定义

从古至今，人类的生产、生活和学习一直与信息密切相关。整个人类的进化史也是一部人类信息活动的演进史。语言的诞生、文字的诞生、印刷术的诞生、电磁波的利用、计算机技术和互联网的应用这五次信息变革对人类社会的发展产生巨大的推动力，并带来飞跃式的进步。随着大数据和"互联网+"时代的到来，信息已经深入人类生产生活的各个领域，互联网上传输的一切数据、符号、图片、音像、信号等都是信息，它是一个无所不容的大集合体。

美国著名科学家C.E.香农在通信领域创立"信息论"以后，信息概念已经从狭隘的通信领域进入人类生产、生活和科学研究等一切人类活动的领域。与信息相关的新名词——信息爆炸、信息伦理、信息安全、信息技术革命、信息高速公路等已成为当代社会生活中最热门的话题。

"信息"一词古已有之。在我国古代，信息指的是"消息"，如唐代诗人李中在《暮春怀故人》中说"梦断美人沈信息，目穿长路倚楼台"。当今社会，"信息"概念无论是内涵还是外延与以往相比都有很大不同。中外学者从不同学科、不同领域、不同角度对信息所下的定义不下百种。

首先，不同字典对信息的解释不同（表1-1）。

表1-1 不同字典对"信息"一词的解释

国家	字典	解释
美国	韦伯斯特字典	信息是用来通信的事实，在观察中得到的数据、新闻和知识
英国	牛津字典	信息是谈论的事情、新闻和知识
日本	广辞苑	信息是对某种事物的预报
中国	辞海	音信、消息；人或事物发出的消息、指令、数据、符号等所包含的内容（对接收者来说一般是预先不知道的）
中国	图书馆学情报学大辞典	信息是通过施加于数据上的某些约定从而赋予这些数据的特定含义

其次，不同学科对信息的定义不同（表1-2）。

表1-2 不同学科对"信息"的定义

学科	解释
哲学	信息是系统有序程度的标记。信息是物质的一个重要方面，标志着物质的运动和变化的动态。信息是事物的一种普遍属性

表1-2（续）

学科	解释
经济学	信息是反映事物特征的形式，是与物质、能量并列的客观世界的三大要素之一。信息是管理和决策的重要依据
新闻学	信息是事物运动状态的陈述，是物与物、物与人、人与人之间的特征传输。新闻是信息的一种，是具有新闻价值的信息
心理学	信息不是知识，信息是存在于我们意识之外的东西，它存在于自然界、印刷品、硬盘以及空气之中；知识则存在于我们的大脑之中，它是与不确定性相伴而生的，我们一般用知识而不是信息来减少不确定性
图书情报学	信息是读者通过阅读或其他认识方法处理记录所理解的东西，它不能脱离外在的事物或读者而独立存在，它与文本和读者以及记录和用户之间的交互行为有关，是与读者大脑中的认知结构相对应的东西
信息资源管理学	信息是数据处理的最终产品，即信息是经过采集、记录、处理，以可检索的形式存储的事实与数据

第三，不同学者对信息的定义也存在不同。

1928年，哈特莱在《贝尔系统电话》杂志上发表了一篇题为《信息传输》的论文。他将信息理解为选择通信符号的方式，并用选择的自由度来计量这种信息的大小。

1948年和1949年，C.E.香农在论文《通信的数学理论》和《在噪音中的通信》中提出了信息量的概念和信息熵的计算方法，并因此被公认为信息论的创始人。C.E.香农认为"信息是用以消除随机不确定性的东西"。

1948年，美国著名科学家、控制论的创始人维纳出版了专著《控制论——动物和机器中的通信与控制问题》，书中首次提出了控制论。维纳认为"信息是人们在适应外部世界、控制外部世界的过程中同外部世界交换内容的名称"。

1975年，意大利学者朗高在其出版的专著《信息论：新的趋势与未决问题》中指出"信息是反映事物的形成、关系和差别的东西，它包含在事物的差异之中，而不是在事物本身"。

1996年，我国著名学者钟义信教授在《信息科学原理》中对信息的定义进行了说明。他认为，在信息概念的诸多层次中，最重要的是两个层次，一个是本体论层次，即没有任何约束条件；另一个是认识论层次，即受主体约束。从本体论层次考察，信息被定义为"事物运动的状态以及它的状态的改变方式"，其中信息泛指一切物质客体和精神现象，它的适用范围最广。从认识论层次考察，信息是"主体所感知或者主体所描述的事物的状态变化的方式"。认识论层次上的信息定义，内涵更为丰富，它包括语法信息、语义信息和语用信息三个层次。语法信息就是主体所感知或所表述的事物运动状态和方式的形式化关系；语义信息就是主体所感知或所表述的事物运动状态和方式的逻辑含义；语用信息就是主体所感知或所表述的事物运动状态和方式相对于某种目的的效用。语法信息、语义信息、语用信息三位一体的综合，就构成认识论层次上的全信息。钟义信所阐述的信息定义被众多学者所采纳，认为这个定义具有普遍的应用性，不仅能涵盖所有其他的信息定义，还能通过引入约束条件转换成任何其他的信息定义。

第四，信息与知识、情报、文献的关系。

正确理解信息含义还必须厘清信息与知识、情报、文献等类似概念的关系。知识是信息的一部分，是人类在认识和改造世界的社会实践中获得的对事物本质认识的成果和结晶，它具有意识性、信息性、实践性、规律性、继承性和渗透性。情报是针对特定目的、特定对象、特定时间所提供或寻找的，能起借鉴和参考作用的信息或知识。知识性、传递性和效用性是情报的基本属性，它通过交谈、讨论、报告、采集、参观考察、展览会、阅读等方式获取、传播，为人们所用。"文献"

一词最早见于《论语》，专指贤人，后指有价值的各学术领域的文档资料。1984年我国开始实施的中华人民共和国国家标准《文献著录总则》规定：文献是记录知识的一切物质载体，由知识内容、物质载体、记录符号、记录手段四部分组成。

综上所述，信息与情报、知识、文献既相互关联又相互区别。所有情报都是信息，但并非所有信息都是情报；知识是认识主体所表述的被有序化了的信息，知识中对主体有用的信息形成情报；知识信息被记录在相应的物质载体上，构成文献。文献经过人们传递、传播、应用于理论与实践中又产生新的信息，新信息被加工变成新知识，新知识形成新情报、新文献，如此循环往复，就有了浩如烟海的信息资源。

（二）信息的基本特征

信息是客观存在的，具有客观性和普遍性、存储性和传递性、时效性、真伪性和可加工性、共享性和开放性。在大数据、云计算、"互联网+"时代，信息还呈现出一些新的特点，如海量化、微内容化、双向交流性、以用户为中心、大众化和分散化、语义化、碎片化、类型多样化等特点。

客观性和普遍性：世界是物质的，物质是运动的。信息源于客观存在的物质运动，没有物质的运动，就不会产生信息。物质的客观性及其运动的普遍性决定了信息的客观性和普遍性。

存储性和传递性：信息必须依附于一定的载体才能流通和传递，否则，信息的价值无法体现。人类可以用不同的载体存储信息，古代用龟甲、兽骨、器皿、玉石、绢帛、竹简、木片等作为载体，现代用U盘、磁带、光盘、胶片等作为载体。信息的传递性指信息可以通过一定的载体从时间或空间上的某一点向其他点传递，在一定条件下，可以不受时间和空间的限制，由远及近，由古至今。信息的传递手段是多种多样的，比如古代用烽火来传递外族入侵的信息，那么现代可通过电话、电视、网络等途径传递。正是信息的存储性和传递性，使得人类的文化遗产得到保存，人类文明得以延续，使我们能在前人智慧的基础上去发展和创造新的人类文明

时效性：指信息从发出、接收到利用的时间间隔及效率。信息也是有寿命的，产生信息的物质世界和精神世界也是在不断变化的，现有的信息只能反映它们在过去某个时刻的运动状态和形式，因此这些信息的作用会逐渐降低，以致完全失去效用，这就是信息的时效性。

真伪性和可加工性：信息的真伪性是指信息对事物客观运动状态及方式描述的真实性、准确度，一个信息可能符合实际情况，也可能与实际情况不符。因此在收集信息时，要尊重事实，确保信息的真实性。信息的可加工性表现在两个方面，一个是信息通过编码可进行转换，如将信息存储在计算机里转换成二进制代码，便于存储或处理；一个是信息可以加工提炼，使杂乱无章、无法使用的数据变为有价值、有意义、可以利用的知识。

共享性和开发性：人们在进行物质交换时，一人所得必是另一人所失，而信息则不同。同一条信息在同一时间可以被许多人利用，信息可以被无限制地复制、传播或被分配给众多用户，为大家所共享，信息不会因为你的利用而消失。信息的共享性极大地缩短了人类认识世界和改造世界的进程，节省了人力、物力和财力。信息又是一种可开发的宝贵资源，存储和传递信息的目的是为了开发信息资源，人们对信息资源

的共享、利用和开发，促进了科学技术和人类社会的进步与发展。

海量化：现代科学技术迅猛发展，各种各样的信息传播载体与平台，如报纸、杂志、电视、广播、互联网、平板电脑、手持阅读器等大量涌现，信息数量骤增，呈海量化发展的趋势。

微内容化：微内容是网络中最小的独立内容数据，是互联网最为强大的新生力量和未来的价值所在。微内容指一些至少拥有一个唯一编号，甚至在网络上至少拥有一个唯一的地址，以及只含极少数中心概念的元数据和数据的有限汇集。

双向交流性：通过网络这个平台，网络信息既可读写又可相互交流，网页与用户之间的互动关系由传统的"Push"模式演变成双向交流的模式，用户的信息反馈可以随时进行，同时信息源也可以随时更新信息。

以用户为中心：互联网 Web2.0 技术如博客、百科全书、社会网络等是信息技术发展引发社会变革所带来的面向未来、以人为本的创新模式，是从由专业人员织网到所有用户参与织网的创新民主化进程的生动注释，即 Web2.0 的信息活动主要是围绕用户开展，以用户为核心。

大众化和分散化：在大数据、云计算、"互联网+"时代，每个人不仅仅是网络信息的接收者，更是网络信息的提供者和传递者，信息具有明显的大众化特点。信息的分散化是指信息通过网络等信息源分布到网络可以延伸到的世界的各个角落。

语义化：即互联网出现了类似标签的语义标注，它使用户访问大量的相关信息和聚合相关网页非常便利。

碎片化：信息碎片化是信息爆炸的成因与显著体现，指人们通过网络传媒，了解、阅读与以往相比数量更加巨大而内容趋向分散的信息，完整信息被各式各样的分类分解为信息片段。

  类型多样化：在互联网发展初期，网络信息的表现形式一般以文本信息为主，图片信息为辅，信息类型多为txt、jpg、gif等格式。随着网络技术的发展，目前网页的表现形式综合了文本信息和多媒体信息，信息类型包括文本（pdf、txt、doc）、图形图像（jpg、gif）、声音（wav、mp3、midi）、动画和视频（swf、rm、wmv、mpg、avi）等格式。

（三）信息的类型

  信息广泛存在于自然界、生物界和人类社会。信息是多种多样的，根据不同的标准、从不同的角度来划分，信息的类型也是多方面、多层次的，了解信息的类型有助于我们加深对信息内涵及其特征的认识。

  按信息内容即社会属性划分，有社会化信息和非社会化信息两种。社会化信息是指人类社会生产和生活实践中产生和应用的信息，即一切由人或最终由人创造或发现的具有社会价值的文化形态和观念形态。非社会化信息是一切物质系统所具有的自然信息，主要包括遗传信息等生物信息和天体宇宙等自然信息。

  按信息形态划分，有文字信息、图像信息、语言信息、数据信息等几种。文字信息包括代码、符号、文字等，是现实生活中使用得最多的一种信息类型。图像信息以图像、图形为主要表现形式。语言信息主要以声音形式表现，包括口头的交流、演讲和演奏等。数据信息以数据为主要表现形式。

  按信息获取方式划分，有直接信息和间接信息两种。直接信息是从人们直接经验中即从亲身实践中获得的信息。间接信息是从人们间接经验中即利用他人的实践和认识成果获得的信息。

按信息存在方式划分，有内存信息和外化信息两种。内存信息是贮存在人的大脑即体内载体中的信息，也可称为个人信息。外化信息是以符号形式存在即寄存于体外载体中的信息，也可称为社会信息。外化信息进一步划分为记录信息和非记录信息。记录信息是指那些记录在延时性物质载体如纸张、石碑、磁带上的信息（以时间为重点的载体）。非记录信息是通过自然语言或表情、手势之类身体语言等即时性物质载体表现的各种信息（以空间为重点的载体）。

按信息传播范围划分，有公开信息（白色信息）、内部信息（灰色信息）和非公开信息（黑色信息）三种。公开信息是传递和利用范围几乎没有任何限制的信息。内部信息是指各单位在公务活动和内部管理中，不属于国家秘密的、未对外披露的信息。非公开信息是指传递和利用范围较小的内部信息、严格限制传递范围的秘密信息（包括秘密、机密和绝密信息）和不传递信息。

按信息加工程度划分，有零次信息、一次信息、二次信息和三次信息。零次信息是未经加工的零散的不系统的原始信息，即第一手资料。一次信息是根据第一手资料创造、形成的初加工信息。二次信息（信息的信息）是在一次信息基础上加工整理形成的引导和使用一次信息的信息，是信息组织的结果。三次信息是根据二次信息提供的途径，获取并使用一次信息，结合其他零次信息，分析综合形成的高层次信息组织的信息。

（四）信息的生命周期

信息和其他资源一样也有生命周期。一般商品的生命周期是研究、制造、应用和报废；信息的生命周期是指信息的采集、存储、加工和维护使用的整个过程，包括八个阶段：信息的采集、信息的组织、信息的存储、信息的传递、信息的加工、信息的利用、信息的维护、信息的归宿（存档或注销）。

信息采集：也就是信息获取，是指根据特定的目标和要求，将分散在不同时空域的有关信息，通过特定的手段和措施，采掘和汇聚的过程。信息采集是信息生命周期的第一个阶段。信息采集需要遵循五个原则，分别是可靠性原则、完整性原则、实时性原则、准确性原则、易用性原则。信息采集的主要途径有查找现有数据、进行调查研究和实验观察三种。

信息组织：信息采集完毕之后，需要按照合适的形式来进行信息组织。信息组织是指信息的有序化，即按照一定的科学原则和方法，通过对信息特征进行描述和有序化，实现无序信息向有序信息的转化，从而保证用户对信息的有效获取和利用。

信息存储：指根据确定的信息需求，将有用的信息保存起来以备将来使用。信息存储需要解决的主要问题是确定存储信息的种类，以及确定信息的存储时间、存储方式、存储介质与设备等。

信息传递：指将人们需要的信息从空间中的某一点送至另一点，核心问题是如何准确、迅速、安全、可靠地完成传输任务。信息传递要受信息系统的规模、时空分布、所采用的信息传递技术与设备等因素影响。

信息加工：指通过判别、筛选、分类、排序、分析和再造等一系列过程，对收集来的信息进行去伪存真、去粗取精、由表及里、由此及彼的加工，使收集到的信息成为能够满足用户需要的有效信息。信息加工的基本内容包括：信息的筛选和判别、信息的分类和排序、信息的计算和研究、信息的著录和标引、信息的编目和组织等五方面内容。信息加工是信息利用的基础，也是信息成为有用资源的重要条件。

信息利用：对信息进行采集、组织、存储、传递和加工，最终目的是使信息能够满足利用的需要。信息利用主要包括两方面的内容，一是技术，二是如何实现信息价值转换。其中，技术方面主要解决的是如何快速、及时、高质量地将信息提供给用户。实现信息价值转化是信息利用的关键，主要目的是使信息给生活、工作和学习带来好处，为组织带来利润。

信息维护：信息的维护是为保持信息处于有效利用状态所进行的所有活动，主要目的是保证信息的准确性、可靠性、及时性和安全保密性。

信息归宿（存档或注销）：当信息经过一段时间的保存、利用、维护以后，企事业单位必须制定出科学、明确的相关制度和条例，以对有保存必要的信息进行存档，并对没有保留价值的信息做注销处理。

综上所述，信息生命周期体现了信息运动的自然规律，涵盖了信息从创建到被存档或失去效用价值所经历的各个阶段和整个过程。信息的生命周期是一个动态的不断发展的过程，信息生命周期的各个环节可以按照时间序列呈现，也可以以不同的顺序同时、重复或部分地呈现。对信息生命周期的认识有助于我们加深对信息资源管理理论的理解。

（五）信息化与信息社会、后信息社会

信息化是当今社会的一种新型生产力，是指培养、发展以计算机为主的智能化工具（智能化工具又称信息化的生产工具，它一般须具备信息获取、信息传递、信息处理、信息再生、信息利用的功能）的新生产力，并使之造福于社会的历史过程。与智能化工具相适应的生产力，称为信息化生产力。同以往生产力中的生产工具比较，不一样的是，智能化生产工具不是一件孤立分散的东西，而是一个具有庞大规模的、自上而下的、有组织的信息网络体系。这种网络性生产工具将改变人们的生产方式、工作方式、学习方式、交往方式、生活方式、思维方式等，将使人类社会发生极其深刻的变化。

信息社会也称信息化社会，是指在广阔的领域里和深入的层次上，以运用信息化的理论、方法和技术处理实际问题为主要特征的社会。在农业社会和工业社会中，物质和能源是主要资源，从事的主要是大规模的物质生产；在信息社会中，信息成为比物质和能源更为重要的资源，以开发和利用信息资源为目的的信息经济活动迅速扩大，逐渐取代工业生产活动，成为国民经济活动的主要内容。

2016年5月15日国家信息中心公布的《中国信息社会发展报告2016》显示，2016年全国信息社会指数为0.4523，比上年增长4.10%，说明我国仍处于从工业社会向信息社会过渡的转型期。信息社会是以信息活动为基础的新型社会形态和社会发展阶段。报告根据信息社会的信息经济、网络社会、在线政府、数字生活四个基本特征，构建了测算信息社会发展水平的指标体系。

后信息社会，又称比特时代或数字化时代，是继工业时代和信息时代之后的又一个新时代。这是美国麻省理工学院教授尼葛洛庞帝在《数字化生存》一书中提出的新概念。后信息社会的根本特征，是实现了"真正的个人化",一是个人选择丰富化,二是个人与环境能够恰当地配合。在后信息社会里,机器对人的了解程度不亚于人对人的了解程度;不存在时空障碍,人们可分散在多处工作和生活。后信息社会的数字化生存将使人获得最大解放,信息技术使民族、国家界限模糊,人类将走向全球化,由此成为一个以合作替代竞争、追求普遍和谐的时代。

二、资源

(一)资源的定义

信息资源是由信息和资源两个概念整合后衍生出的新概念。早期人们对资源的理解多数是指自然资源和物质资源。比如《大英百科全书》把资源定义为:资源是人类可以利用的自然生成物及生成这些成分的环境。

《现代汉语词典》对资源的解释是"生产资料或生活资料的天然来源"。《辞海》(1999年普及本)对资源的定义是:资源是一国或一定地区内拥有的物力、财力、人力等物质要素的总称;分为自然资源和社会资源两大类。

20世纪90年代初期,美国经济学家阿兰·兰德尔在其所著的《资源经济学》中写道:"资源是人们发现的有用途和有价值的物质。"

联合国环境署则这样定义资源:自然资源是指在一定时间、地点条件下能够产生经济价值,以提高人类当前和将来福利的自然环境因素和条件,如阳光、空气、水、土地、森林、草原、动物、矿藏等;社会资源指一切能用来创造财富的社会因素和条件,如人力资源、信息资源以及劳动创造的物质财富。该定义将资源作为社会发展和生产实践的自然条件和物质基础。

随着时间的不断推移，人们对资源的认识也在不断发生改变。

李金昌在《资源经济新论》中提出"资源的概念有狭义、中义和广义之分，狭义的资源是指自然资源；中义的资源是指物质资源；广义的资源，是指人类生存、发展和享受所需要的一切物质和非物质的要素"。

杨文祥在《论信息资源与现代资源观》一文中认为："资源，社会财富（包括物质财富和精神财富）的来源，是人类组织社会生产、进行社会生活（包括物质生产和精神生产、物质生活和精神生活）的前提、现实基础和现实条件，分为自然资源和社会资源两个方面。根据不同的角度和区分标准，社会资源又可划分为经济资源、文化资源、物质资源、精神资源和信息资源等。"

杨艳琳在《资源经济发展》一书中指出："资源是一个涉及经济、法律、政治、科学技术、社会、伦理等诸多领域的概念。一般来说，资源是指对人有用或有使用价值的某种东西。从广义来看，资源包括自然资源、经济资源、人力资源、社会资源等各种资源；从狭义来看，资源仅指自然资源。"

从以上观点可以看出，人们对资源的理解和认识也经历了自然资源—物质资源—物质与非物质资源的过渡。在理解资源时，应该把握几点：

首先，资源必须具有有用性，这是资源的第一属性，即在不同的时间和空间范围内对人类具有直接效用，能够产生经济价值。

其次，资源的第二属性是广泛性和可开发性。任何物质和能量只有积蓄到一定程度，并蕴藏着极大的潜在价值和开发价值时才能被称为一种资源。

最后，资源是一个集合的概念，只有达到一定的量才能成为资源。如树木不是资源，森林才是资源。

（二）信息成为资源的条件

并不是任何信息都是有用的，都是资源。从一般意义上讲，过时的信息、不真实的信息，甚至是垃圾信息，这些信息都不能成为资源。

信息成为资源是有条件的，这个条件分为充分条件和必要条件。信息成为资源的充分条件是：经过有序化处理的真实、准确的信息才能成为资源；从资源开发利用的角度来讲，信息需要具备一定的富集度。信息成为资源的必要条件是：信息必须是可以为人类创造财富和提供福利的；信息可以通过人类活动被识别或检测到。

不同用户在不同时间和地点对信息的需求是不相同的，同样的信息因不同用户在不同时间和地点的需求，有用性和价值也会不同。所以，信息能否成为资源也受上述条件的影响。

信息作为一种排列成有意义形式的数据的集合，本身不是资源，只有在被组织管理后才能具备成为资源的条件。信息资源是经过人类开发和组织的信息的集合，它不仅指信息的本身，还包括人类信息活动中的相关要素。

必须要对信息进行采集、识别、挑选、分类、编码、组织、存储、检索、传递、分析、理解、积累和维护，才能使之成为可以利用的资源。也就是说，信息必须经过开发才能成为有用的资源。开发信息资源需要投入大量的人力、物力和财力。开发过程中做的有用功越多，开发出的信息资源的价值就越大。

三、信息资源

（一）信息资源定义

《加拿大的信息资源》第一次提出了"信息资源"这一术语。信息资源是图书馆界信息资源建设领域最基本的概念之一，是信息资源采访的直接对象，它是随着国外20世纪70年代信息资源管理理论的兴起而产生的，在我国则是在20世纪80年代中期以后才开始流行。然而，由于不同学科或同一学科的不同学者对信息资源的理解存在各种差异，国内外关于"信息资源"一词的定义众说纷纭，尚未形成统一的看法。

1979年，美国信息管理专家霍顿从政府文书管理的角度出发，认为信息资源具有两层意思：第一，当资源为单数时，它指某种内容的来源，即包含在文件和公文中的信息内容；第二，当资源为复数时，信息资源指支持工具，包括供给、设备、环境、人员、资金等。后来，霍顿在他的《信息趋势：从信息资源中获利》一书中，又对信息资源重新进行了定义，认为对于整个社会和国家来说，信息资源包括如下四个方面的内容：具有与信息相关的技能的人才；信息技术中的硬件和软件；信息机构，如图书馆、计算中心、通信中心和信息中心等；信息处理服务提供者。

美国信息经济学家马克·波拉特认为，信息资源包括信息的处理、操作、传递中所用到的一切人、机械、产品、服务……这些都是信息活动不可缺少的因素。这些资源若不加以控制、利用，要扩大信息活动是不可能的。1982年，美国学者列维坦在其论文《在信息生产寿命周期中作为"商品"的信息资源》中对信息资源进行了定义，他认为："信息资源就是已经建立的，能够一再使用的信息源。换句话说，它是一系列已经制度化了的，能为一个或多个用户集团反复使用的信息。"

1992年，德国信息管理学家斯特洛特曼认为，信息资源包括三个组成部分：信息内容、信息系统和信息基础结构。

在我国，也有很多极具代表性的信息资源定义。1991年，孟广均在给《知识工程》的贺词中写道：信息资源包括所有的记录、文件、设施、设备、人员、供给、系统和搜集、存储、处理、传递信息所需的其他机器。

1996年，信息资源与社会发展国际学术研讨会认为，信息资源不仅包括文献，还应包括人、系统、经费等，而信息系统又包括"人、机、网、库"四大要素。在这次研讨会上，马大川、朱立文、汪华明、杨绍武等学者也阐述了自己的观点。其中，马大川解释说：广义的信息资源是指信息和它的生产者及信息技术的集合，即广义的信息资源由三部分组成，一是人类社会经济活动中的各类有用信息；二是为某种目的而生产有用信息的信息生产者；三是加工处理和传递有用信息的技术。狭义的信息资源则仅仅指人类社会经济活动中经过加工处理有序化并大量积累后的有用信息的集合，它包括科学技术信息、政策法规信息、社会发展信息、经济信息、市场信息、金融信息等多方面内容。

1996年，乌家培撰文指出：对信息资源可以有两种理解，一种是狭义的理解，即指信息内容本身；另一种是广义的理解，指的是信息内容本身以外的，与其紧密相连的信息设备、信息人员、信息系统、信息网络等。

1999年，代根兴、周晓燕撰文探讨信息资源的定义，将信息资源定义为：信息资源是经过人类选取、组织、序化的有用信息的集合。

2004年，马费成在《信息资源开发与管理》一书中认为，所谓信息资源，就是指人类社会信息活动中积累起来的以信息为核心的各类信息活动要素（信息技术、信息设备、信息设施、信息生产者等）的集合。这里的信息活动包括围绕信息的搜集、整理、提供和利用而开展的一系列社会经济活动。

从广义的角度来理解信息资源概念，即把信息活动的各种要素，包括信息生产者、信息技术、信息设施、信息设备、资金等，都纳入信息资源的范畴，有助于全面系统地把握"信息资源"的内涵。这种解读强调"信息资源"是经过人类开发与组织的信息集合，信息只有在实施管理后才具备成为资源的条件；强调信息要素价值的实现离不开信息生产者、信息技术等信息活动要素的综合作用。这也正是信息资源与自然物质资源的区别。但我们同时认为，针对不同的研究对象或问题，对信息资源这个概念，既可以从广义上使用，也可以从狭义上使用。

（二）信息资源的属性

从信息的角度来看，信息资源具有以下三种属性。

知识性：信息资源是人类社会认识世界和改造世界的精神产物，它总是建立在不断地继承和借鉴前人认识世界和改造世界的成果之上。一方面，信息资源的产生、发展、开发和利用等始终离不开人类的脑力劳动，人类智能的高低决定着信息资源质量的高低和数量的多少。另一方面，信息资源又凝集着人类的智慧，积累着人类社会认识世界和改造世界的知识，一定的信息资源总是反映着一定社会和一定地区的知识水平。

有限性：信息是普遍存在的、无限的，而信息资源则是经过人类选择的或可供人类利用的那一部分，是信息的一部分。另外，相对于人类社会的信息资源需求来说，人类对信息资源的需求是无限的，而信息资源则是有限的。

有序性：信息资源是经过人类加工、组织、有序化、可存取的信息的集合，因此，信息资源又具有有序性。

从资源的角度来看，与自然资源相比，信息资源具有以下四个属性。

再生性：信息资源在绝大多数情况下必须依附于一定的物质载体才能保存、传递和利用，但信息资源本身往往并不会因为其附着的物质载体的自然消亡而消亡，也不会因为曾经被人利用过而失去价值，只要有合适的载体，信息资源可以反复利用、复制、传递和再生。从这个角度来说，信息资源具有再生性。

共享性：由于信息资源可以多次反复地被不同的人利用，在利用过程中信息不仅不会被消耗，反而会不断地得到扩充和升华。在理想条件下，信息资源可以反复交换、多次分配、共享使用。

人工性：自然资源可以不需要经过人工干预而存在，信息资源则不同。只有经过人类开发和组织的信息的集合才可能成为信息资源，信息资源的生产、形成、收集、组织、建设和开发利用，都离不开人类的参与。

扩散性：信息资源经由特定的渠道，在时间和空间上进行传播，可以为不同的人们所利用。信息资源的可扩散性与信息传递技术密切相关，即传递技术发展越快，信息资源传播的速度就越快，人们利用信息资源的速度就越快。

（三）信息资源化的背景和成因

信息资源化既有其社会经济发展的大背景，又受与之相伴的人类认识演变和深化的影响，同时也是各国政府政策层面支持的结果。

第一，社会经济增长方式的转变是信息资源化的主要动力。在信息社会之前，社会经济的增长依靠自然资源的开发利用。在农业社会，土地是主要的生产资料，农民是经济发展的驱动者。到了工业社会，工人是经济发展的驱动者，自然资源不仅限于土地，而且扩展到煤、石油等矿产资源，经济增长主要依靠金融资本和自然物质两大战略资源。尽管那时的经济得到空前发展，但是以物质和能源的消耗为代价的经济增长是不可能持续的。相反，信息和知识资源的开发与利用却是无限的。人们挖掘信息并将其升华为知识的创新活动将是经济可持续发展的唯一驱动力。进入信息社会以来，形成了以创造型信息劳动者为主体，以电子计算机等新型工具体系为基本劳动手段，以再生性信息为主要劳动对象，以高技术型中小企业为骨干，以信息产业为主导产业的信息生产力。信息资源从生产力诸因素中分离出来，成为生产力增长的主要来源。

第二，人类对资源认识的演变和获取资源能力的提高是信息资源化的直接原因。任何东西在被归为资源之前，必须满足两个前提条件，一个是必须有获得和利用它的知识和技能，一个是必须对所产生的物质或服务有某种需求。因此，正是人类的能力和需要，而不仅仅是天然的存在，创造了资源的价值。人们现在把几十万年前就已经存在的钢铁当成"资源",是因为人们认识到钢铁熔化之后能加工成各种工具和机器,而且具有了采掘、运输以及铸造、利用它的手段。人类对信息资源的认识也是逐渐深化的。在生产力低下、科学技术落后的社会,人们是不可能从"资源"的角度来认识信息的。只有当信息、知识作为生产力对推动社会和经济的发展所产生的巨大作用越来越被人们清楚地认识到的时候,只有当以计算机和网络为核心的现代信息技术为信息的充分开发和利用提供了前所未有的技术基础和条件的时候,信息才会成为能给社会创造巨大财富的重要资源。

第三,信息的积累和增长为信息资源化提供了保障条件。信息资源是有用信息的集合,只有当信息达到一定的丰富度和凝聚度时,信息才有可能成为信息资源。近几十年来,各种形态的信息呈指数级急剧增长并迅速积累。据1998年的美国国情咨文预测,2020年的知识总量将为现时(1998年)的3~4倍,2050年的知识总量约为现时(1998年)的100倍,知识老化的平均周期也日益缩短。如此庞大且迅速增长的信息量,为信息的资源化提供了基本的保障条件。

第四,各国政府将开发利用信息资源作为一项基本国策,为信息资源化提供了政策支持。随着社会的发展,世界各国政府都认识到,谁能掌握和利用更多的信息,谁就能在国际竞争中赢得主动。因此,各国政府都把占有、开发和利用信息资源作为一项基本国策。美国、欧盟等国家和组织相继提出了开发信息技术、发展信息产业的措施和计划。早在1993年克林顿政府时期,美国就推出了"国家信息基础设施行动计划",确定把建设"信息高速公路"作为政府施政纲领。20世纪90年代末期,德国政府制定了"德国21世纪的信息社会"的行动计划，推进信息技术在教育领域和工业部门中的应用。日本由于较早地确立了"信息资源化政策"，加强信息工作和教育，创造了经济起飞的奇迹。新加坡政府制定了"国家信息基础设施计划"，准备用15年左右的时间，建成全国的高速信息网络。印度政府也积极推进软件产业的发展，制定了发展成信息技术大国和软件超级大国的计划。

我国从1984年邓小平为《经济参考》题词"开发信息资源，服务四化建设"开始重视信息资源的开发利用，从那时起我国信息事业步入快速发展的轨道。1992年，中共中央、国务院发布《关于加快发展第三产业的决定》，明确提出信息服务业是第三产业加快发展的重点，信息资源作为信息服务业发展的基础性资源受到重视。2000年，党的十五届五中全会通过的《中共中央关于制定国民经济和社会发展第十个五年计划的建议》中，提出了"大力推进国民经济和社会信息化，是覆盖现代化建设全局的战略举措。以信息化带动工业化，发挥后发优势，实现社会生产力跨越式发展"的重要战略决策。2004年12月，中共中央办公厅和国务院办公厅又联合下发了《关于加强信息资源开发利用工作的若干意见》，再次表明了党和政府对信息资源开发利用的高度重视。2006年3月，中共中央办公厅、国务院办公厅印发《2006—2020年国家信息化发展战略》，将信息资源建设与开发纳入国家信息化整体发展规划，使信息资源建设受到社会的广泛关注，也给信息资源建设带来了一个全新的社会环境。2016年7月，中共中央办公厅、国务院办公厅印发了《国家信息化发展战略纲要》，它是规范和指导未来10年国家信息化发展的纲领性文件，是信息化领域规划、政策制定的重要依据。信息资源作为重要的战略资源，已经是决定生产力、竞争力和经济成就的关键力量。

四、信息资源的类型

信息资源的划分标准是多种多样的，依据不同的标准，可将信息资源划分为不同的类型。依据我国学者代根兴的研究，首先，按照信息资源的存在状态，将信息资源划分为潜在信息资源和现实信息资源两大类。现实信息资源是人们研究、开发和利用的主要内容，因此，依据其载体，又将现实信息资源划分为体载信息资源、实物信息资源、文献信息资源和网络信息资源四种类型。也有学者认为，网络信息资源应归入数字化信息资源中，因此现实信息资源应划分为体载信息资源、实物信息资源、文献信息资源和数字化信息资源四种类型。

（一）体载信息资源

体载信息资源指以人体为载体并能为他人识别的信息资源。按其表述方式又可分为口语信息资源和体语信息资源。口语信息资源是人类以口头语言表述出来但被记录下来的信息资源，如谈话、授课、讲演、讨论、唱歌等。体语信息资源是以人的体态表述出来的信息资源，如表情、手势、姿态、舞蹈等。

（二）实物信息资源

实物信息资源指以实物为载体的信息资源。依据实物的人工与天然特性，又可将实物信息资源分为以人工实物为载体的人工实物信息资源和以自然物质为载体的天然实物信息资源。人工实物信息资源包括产品、样品、模型、雕塑等，天然实物信息资源包括各种地质剖面、海岸线的形态等。

（三）文献信息资源

文献信息资源指以文献为载体的信息资源，依据记录方式和载体材料，文献信息资源又可分为刻写型、印刷型、缩微型、视听型四种类型。

1. 刻写型文献信息资源

刻写型文献资源是指以刻画和手工书写为手段，将知识信息内容记录在各种自然物质材料和纸张等不同的载体上而形成的文献，如古代的甲骨文、金文、简策、帛书，以及现代的笔记、手稿、书信、原始档案、会议记录等。刻写型文献中有许多稀有和珍贵的文献信息资源。

2. 印刷型文献信息资源

印刷型文献是以纸张为载体，以油印、石印、胶印、铅印和复印等印刷方式来记录信息和知识而形成的一种文献形式。它已有悠久的历史，目前仍然是占主导地位的知识信息载体。它的突出优点是便于阅读，可直接、任意翻阅，可在任何场合下并且不需要借助任何设备阅读。缺点是体积大，信息存储密度低，收藏占用空间大，存储时间受限，难以实现信息自动化和高速度传递。

按照出版形式和内容不同，印刷型文献还可划分为图书、连续出版物、特种文献和其他资料。

图书：指以印刷方式或其他方式单本刊行的出版物，包括专著、汇编本、多卷本、丛书等。联合国教科文组织将图书定义为"至少有48页的非期刊型出版物"。图书是记录和保存知识、表达思想、传播信息的最基本手段。图书是一种重要的信息来源，其特点是内容比较系统、全面、成熟、可靠，是系统掌握各学科知识的基本文献。但图书的出版周期较长，知识的新颖性不够。

图书按其用途分为阅读图书、参考工具书和检索用书。阅读图书包括教科书、专著、文集等；参考工具书包括字典、词典、百科全书、年鉴、手册等；检索用书包括以图书形式刊行的书目、题录、文摘等。图书的外部特征主要有：书名、编（著）者、出版者、出版地、出版年、版次、国际标准书号（ISBN）等。

连续出版物：是一种具有统一名称、固定版式、统一开本、连续编号，汇集多位著者的多篇著述，定期或不定期编辑发行的出版物。《国际标准书目著录（连续出版物）》将"杂志、报纸、年刊（年鉴、行名录等）、各种机构的报告丛刊和会志、会议录丛刊以及单行本的丛书"等归入连续出版物。其中，期刊（杂志）和报纸是连续出版物中的主要类型。

期刊又称杂志，是一种以印刷形式或其他形式逐次刊行的，通常有数字或年月顺序编号，并打算无限期地连续出版下去的出版物。其特点是出版周期短、传递信息速度快、内容新颖、发行及影响面广、具有很强的连续性，能及时反映科学技术中的新成果、新水平、新动向。期刊已成为现今传播信息、交流思想最重要的平面媒体之一。按内容性质，期刊可分为政论性期刊、学术性期刊、技术性期刊、科普性期刊、报道性期刊、综述与述评性期刊和检索性期刊等类型。目前，国内外绝大部分学术期刊都已经和数据库商合作，纸质期刊更多地被作为备份保存下来，其利用价值已经被电子期刊所取代。

报纸是指以刊载新闻和评论为主的出版周期最短的定期连续出版物。它有固定名称、开本，有年、月、日、期号、顺序号。其特点是出版周期更短，传递信息更快，信息量更大，传播面更广，报道科技上的新成果和新发明更及时。报纸按内容分为时事政治类、科技类、商业类、文教类等类型。

特种文献：是指出版发行和获取途径都比较特殊的科技文献。特种文献特色鲜明、内容广泛新颖、类型复杂多样、数量庞大，涉及科学技术、生产生活各个领域，现实性强，情报价值高，可以从不同角度反映当今科学技术的发明创造、最新水平和发展趋势，出版发行无规律，有的有一定的保密性，收集比较困难。特种文献主要包括科技报告、政府出版物、会议文献、专利文献、标准文献、学位论文、产品资料及其他资料。

科技报告是关于科学研究的阶段性进展的总结报告或研究成果的正式报告。其特点是每篇报告单独成册，有机构名称与统一编号，内容专深具体，大多数与政府的研究活动、国防及尖端科技领域有关，有一定的保密性。科技报告所报道的研究成果一般经过有关部门的审查和鉴定，所反映的技术内容较为成熟，数据可靠，情报价值高，并且科技报告出版快，报道研究成果及时。因此，科技报告是一种重要的信息源。

按存储方式不同，科技报告可分为报告书、技术札记、论文、备忘录、通报、技术译文等；按报告所反映的研究进展程度可分为初步报告、进展报告、中间报告和终结报告；按流通范围可分为绝密报告、机密报告、秘密报告、非密报告、解密报告和非密限制发行报告等。

政府出版物是各国政府部门及其所属专门机构编辑并授权指定出版商出版的文献，包括政府报告、政策法令、规章制度、会议纪要以及调查统计资料等。政府出版物可分为行政性文件和科技性文件两大类，政府出版物对于了解各国的政治经济、科学技术的方针政策及其发展状况具有重要的意义，因此这类文献具有极高的权威性。很多国家对政府出版物都比较重视，不但设有专门的印刷出版机构，而且还编有专用的检索工具。

会议文献是指在国内外各种学术会议上宣读或交流的论文、报告及其他有关资料，包括会前、会中和会后文献。会议文献一般都要经过学术机构严格的挑选，代表了某一学科领域的最新研究成就，反映该学科领域的最新研究水平和发展趋势。从以往的经验看，不少具有新见解、新发现的研究成果，首先是在会议上交流，然后才发表于报刊，因此，学术会议论文往往有较高的学术水平。所以，会议文献是获取情报的一个重要来源。会议文献分为预印本和会议录两种类型。会议文献同样受到信息网络化、电子化的冲击，会议文献的收集比原来要更容易获取，会议结束后，会议文献一般都会供与会者下载。同时，数据库商也会及时收集会议文献，进行更新，提供给购买数据库的用户。

专利文献是实行专利制度的国家及国际性专利组织在审批专利过程中产生的官方文件及其出版物的总称。它包括专利说明书、专利公报、商标、设计公报以及检索专利的工具。专利文献具有编写格式统一、出版快、技术性强、实用性强并具有法律效力等特点。它是集技术、法律和经济于一体的带有启发性的一种重要文献，是工程技术人员和产品设计人员的重要情报源，也是图书情报机构收藏不可缺少的文献。现在中国知网专门开发了专利数据库，使专利查询变得更加全面和方便。

标准文献是指经公认的权威机构（一般为各国国家标准局）批准的，以文件形式固定下来的标准化工作成果。各种标准一旦形成并经审批公布，便成为法规性的技术文件，具有一定的法律约束力。标准文献按使用范围可分为国际标准、区域性标准、国家标准、专业标准和企业标准等五大类型。科技不断进步，标准文献也会不断更新，因此必须注意及时采选新的标准文献。近年来，标准的更新速度更快，很多高科技领域标准每年都会进行更新。

学位论文是高等学校、科研机构的毕业生、研究生为获取学位而撰写并提交的学术论文。按学位不同又分学士论文、硕士论文和博士论文。学位论文的水平差异较大，但探讨的问题比较专一，硕士和博士论文具有一定的学术性、独创性、系统性和完整性，是情报价值较大的一种文献。学位论文属于非卖品，除少数能公开发表外，通常只保存在授予学位单位的图书馆。目前，学位论文除需要保密的以外，基本上全面实现了电子化，甚至很多高校已经取消了对纸质学位论文的收藏。

产品资料是指国内外生产厂商或经销商为推销产品而印发的关于产品的结构、原理、操作方法、维修方法的详细介绍资料。主要包括产品目录、产品样本、产品说明书、产品手册等。通过这些产品资料可以较全面地了解产品的性能、构造原理、用途、操作方法等，所反映的技术比较成熟，数据比较可靠，并有较多的外观照片、结构图，直观性强，出版发行迅速。对技术人员在产品设计、造型、试制、改造以及引进国外技术设备方面具有参考价值。

其他资料，主要指档案资料、舆图、图片和乐谱等资料。档案资料包括文书档案和科技档案，是记录各种事实进行过程的卷宗材料，有一定的保密性。舆图包括地图、地形图、地质图、行政区划图、各种教学挂图等。图片包括各种新闻照片、美术作品等。乐谱指单张活页式音乐曲谱艺术作品。

3. 缩微型文献信息资源

缩微型文献信息资源主要指缩微资料，它是以感光材料为载体，利用摄影技术将手写和印刷型文献缩摄，形成新的文献。缩微资料按其外形可分为缩微胶片、缩微胶卷、缩微卡片等。它的优点主要是体积小、重量轻、存储密度高、便于收藏、生产迅速、成本低廉；缺点是使用不太方便，需借助缩微阅读机才能阅读，阅读效果不如印刷品，保存与使用条件严格，设备费用投资较大。

4. 视听型文献信息资源

视听型文献信息资源主要指视听资料，又称声像文献，是以电磁材料为载体，以电磁波为信息符号，借助特殊的机械装置，将声音、文字及图像记录下来的一种动态型文献视听资料。按人的感官接受方式可分为三种类型：一是视觉资料，包括照相底片、摄影胶卷、幻灯片、传真照片、无声录像带、无声影片等；二是听觉资料，包括唱片、录音带等各种发声记录资料；三是音像资料，能同时显像发声的记录资料，如有声影片、电视片、配音录像带等。视听资料的优点是动静交替、声情并茂、形象逼真、表达力强、存储信息密度高，可以提高人们对信息知识的理解、吸收和记忆能力，它的缺点是同样需要借助一定的设备才能阅读。

（四）数字化信息资源

数字化信息资源是指所有以数字形式把文字、图像、声音、动画等多种形式的信息存储在光、磁等非纸质的载体中，以光信号、电信号的形式传输,通过网络通信、计算机等终端设备再现出来的信息资源。随着互联网的发展,数字化信息资源可划分为网络信息资源和单机信息资源。

1. 网络信息资源

网络信息资源是指借助计算机网络可以获取和利用的所有信息资源的总和。从信息资源建设的角度来看,网络信息资源不是一个物理概念,也不是独立存在的实体,而是一个跨国家、跨地区的信息空间,一个网络信息资源库。

网络信息资源按照不同的标准,可以划分不同的类型,比较有代表性的划分方法有以下三种。

第一,按网络信息资源的载体和通信通道划分,可分为光盘局域网信息资源、联机检索网络信息资源和 Internet 信息资源。光盘局域网信息资源是 20 世纪 80 年代在现代科技成果的基础上发展起来的一种新型电子出版物——光盘数据库,以其存储信息密度高、容量大、读取速度快、存储的信息类型多等显著特点,深受用户的欢迎。1999年我国利用大型存储设备在各地设立光盘镜像站点,为注册用户提供服务,方便了用户检索,提高了检索效率。

联机检索网络信息资源主要是指通过主机或联机网络及检索终端获取信息的联机数据库。优点是内容覆盖面广、检索精确度高、信息规模大、节省时间,容易形成完整的信息安全和授权等规范管理的制度和方法。不足是要有专业人员指导,用户界面不统一,检索方式和途径因系统和数据库的不同而有所差异,所有的服务项目都要收费。

Internet 信息资源是目前发展最迅速、最有发展潜力的信息资源,由于操作简便、检索界面友好、资源丰富多彩、易于用户存取和利用，深受用户喜爱，它改变了原始信息生产、采集和提供传递的模式，实现了信息表达和传输的质的飞跃。不足之处在于网上的信息并没有一个传统的信息过滤机制，信息质量参差不齐，存在信息安全、网络安全和版权保护等问题。

第二，按网络信息资源采用的网络传输协议划分，可分为WWW信息资源、Telnet信息资源、FTP信息资源、用户服务组信息资源和对等传输信息资源。

WWW（World Wide Web）信息资源：也称为Web信息资源，采用客户端/服务器工作模式，将超文本传输协议HTTP作为浏览器与Web服务器相互之间的通信协议，以超文本标记语言HTML作为描述语言。界面友好，使用简单，功能强大，能方便迅速地浏览和传递分布于网络各处的文字、图像、声音和多媒体超文本等信息资源。WWW信息资源目前是网络信息资源最主要、最常见的形式。

Telnet信息资源：指在远程登录协议Telnet（Telecommunication Network Protocol）的支持下，用户计算机经由Internet与远程计算机连接，并在权限允许的范围内检索和使用远程计算机系统中的各种软、硬件资源。通过Telnet可以访问远程计算机的硬件资源如超级计算机、精密绘图仪、高档多媒体输入/输出设备等，软件资源如图形处理程序、大型数据库、联机公共检索目录等。

FTP（File Transfer Protocol）信息资源：依据互联网上使用的文件传输协议，以文件方式在互联网计算机之间传输的信息资源。该协议的主要功能是实现文件从一个系统到另一个系统的完整拷贝。不仅允许从远程计算机上获取、下载文件，也可将文件从本地机上传到远程计算机，实现信息资源的互惠与共享。通过FTP可获取与共享的信息资源的类型非常广泛，包括各种电子杂志、应用软件、数据文件等。FTP信息资源是非常重要的网络信息资源。FTP目前仍是发布、传递软件和文件的主要工具。

用户服务组信息资源：各种各样的用户服务组是互联网上非常受欢迎的信息交流形式，包括新闻组、邮件列表、专题讨论组、兴趣组等。用户服务组信息资源相对其他信息资源具有信息交流广泛性、交互性、直接性等特点，因此也成了一种最丰富、最自由、最具有开放性的资源。

对等传输信息资源：对等传输P2P是Peer to Peer的英文缩写，也是点对点下载的意思。P2P让人们通过互联网直接交互，可以直接连接到其他用户的计算机交换文件，而不是像过去那样连接到服务器去浏览与下载信息资源，使得网络上的沟通变成更直接的共享与交互，真正地消除中间商。P2P在下载的同时，自己的计算机还要继续作为主机上传，这种下载方式，人越多速度越快，但缺点是对硬盘损伤比较大，并且占用内存比较大，影响整机速度。

第三，按网络信息的信息加工层次，可分为网络资源指南和搜索引擎、联机馆藏目录、网络数据库、电子出版物、参考工具书、网上动态信息和其他网络信息。

网络资源指南和搜索引擎是网络信息检索工具。资源指南按主题的等级排列主题类目索引，用户通过逐层浏览类别目录、逐步细化的方式来寻找合适的类别直至具体的资源。网络资源指南是人工编制和维护的，需要花费大量的人力物力。

联机馆藏目录。网络上许多机构提供馆藏书目信息和中外文期刊联合目录信息,包括各图书馆和信息机构提供的公共联机检索(OPAC)馆藏书目、地区或行业的图书馆的联合目录等。全国高等教育文献保障体系(CALIS)提供 61 所高校的馆藏期刊、书目和学位论文联合查询。用户只要通过图书馆的统一资源定位符 URL,就可以查询该馆的图书馆馆藏,不受时间地点的限制。

网络数据库是借助于因特网、以 Web 为检索平台提供信息检索服务的数据库,是数据库技术与 Web 技术结合的产物。网络数据库所储存的信息都是经过人工严格收集、整理加工和组织的,具有较高学术价值、科研价值的信息资源。许多著名的国际联机数据库检索系统都开设了与因特网的接口,用户可以通过远程登录或以 WWW 方式进行付费检索。有许多从事传统信息服务的机构开发了网络数据库,如 EBSCO 公司的 BSP(商业资源数据库)、万方数据资源系统、CNKI 等,都是由专门的信息机构或公司来制作维护。

电子出版物。以数字代码形式将文字、图像、声音、视频等信息存储在磁、光、电介质上,通过因特网传播,并通过电脑或相关设备阅读的出版物,包括电子图书、电子期刊和电子报纸等。现在的电子出版物,有的是传统纸本文献的电子版本,也有的是完全以数字化形式编辑、制作、出版和发布,并采用网络化形式发行。

参考工具书。许多传统的和现代的参考工具书都已上传到因特网,而且在网络中是可以免费使用的,如英国大不列颠百科全书、汉语词典等。

网上动态信息。网络的开放性和交互性,使得网上有很多动态性很强的信息,如网上新闻、BBS、政府机构发布的信息、政策法规、会议消息、研究成果等。

其他网络信息。网上还有大量的电子邮件以及娱乐游戏、教育培训、应用软件等信息。

2. 单机信息资源

单机信息资源是一切本地的数字化信息资源的统称。单机信息资源是通过计算机存储和阅读但不在网络上传输的数字化信息资源,人们常称之为机读资料,它与网络信息资源的区别在于存储的空间范围。随着计算机存储设备容量的不断扩大以及计算机网络技术的不断发展,计算机间的透明访问越来越多,这两类信息资源的差别也越来越小。单机信息资源也有很多种类型,常见的有本地文件系统、本地光盘系统、本地数据库等。

除了上述划分方法,图书情报机构还常常按照信息开发的程度,将信息资源划分为零次信息资源、一次信息资源、二次信息资源和三次信息资源。

零次信息资源是指在信息流动过程中未经加工和组织的信息资源,如一些原始数据、拍摄的场景、活动的情景等。

一次信息资源是指以零次信息资源为基础,对自然状态和社会表象的信息以及大脑存储的信息进行粗加工,经过各种方式表达的信息资源,如初次统计表、课件、新闻、拍摄的图片、录制的谈话、摄制的影像片段、资料汇编等。

二次信息资源是指在一次信息资源基础上,进行加工整理和提炼压缩所得到的产物,如对一次信息进行编目、做摘要,或者组稿、深度报道，制作的游戏、影视动画和综合频道节目，合成的多媒体课件，分类广告等。

三次信息资源是用一定的方法对大量的信息资源进行智能化存储、序化、再加工，产生的系统化、平台式成果，如新闻信息数据库、节目资源数据库、课程资源库、医疗信息库、信息搜索平台、商务交易平台等。

五、信息资源的功能

根据信息资源在社会经济活动中利用的过程和发挥作用的特点，信息资源的主要功能表现在以下四个方面。

第一，经济功能。信息作为重要的经济资源，本身就具有经济功能，而它对社会生产力系统的作用功能是其经济功能中最重要的一方面。信息是社会生产力的重要构成要素，通过改进生产关系及上层建筑的素质与协调性对生产力施加影响，表现在：信息要素的注入有助于提高生产力系统中劳动者的素质，缩短劳动主体对客体的认识及熟练过程；信息要素通过与生产力系统中的不同决策管理层的相互作用，提高生产力系统运行的有序度；信息要素的投入还有助于引发对生产过程、生产工具、操作方法和工艺技术等的革新与创造，提高生产力系统的质量与效率。

信息资源还具有直接创造财富、实现经济效益放大的功能。其主要途径可以归纳为：运用信息可以使非资源转化为资源创造财富；使用信息取代劳动力、资金、材料等资源创造财富，实现经济效益倍增；直接让信息作为商品在市场流通中创造财富；通过现代信息技术缩短信息流动时间实现财富增值；通过运用信息资源扩大财富增值空间创造财富；通过信息自身的积累创造财富；通过信息进行科学决策，减少失误，创造财富。

第二，管理与协调功能。在人类社会中，物质流和能源流借助信息流来控制和管理，从而发挥最大效益。在企业中，信息的管理与协调功能主要表现为协调和控制企业的人、财、物、设备和管理方法，以实现企业的目标。信息资源可以传递整个企业系统的运行目的，有效管理各项资源；可以调节和控制物质流与能源流的数量、方向和速度；可以传递外界对系统的作用，保持企业系统的内部环境稳定。

第三，选择与决策功能。信息的选择与决策功能广泛作用于人类选择与决策的各个环节。没有信息就无任何选择和决策；没有信息的反馈，选择和决策就无优化可言。信息反映了事物演变的历史和现状，隐含着事物的发展趋势。充分利用信息，结合人们的经验，运用科学的方法，经过推理和逻辑判断，可以对被研究对象未来发展的必然趋势和可能性做出预计、推断和设想。

第四，研究与开发功能。在人类科学研究和技术创新活动中，信息具有活化知识、生产新知识的功能。在人类从事科学研究和技术开发的各个阶段，都需要通过获取和利用相关信息，掌握方向，开阔视野，启迪思维，生产出新知识、新技术和新产品。

除上述显著的功能外，信息资源还具有许多其他功能，如政治功能，作为政治斗争和外交斗争的重要武器，控制信息可以获得权力或巩固权力；如娱乐功能，可供人类在日常生活中休闲娱乐使用；如军事功能，是军事斗争和战争不可缺少的重要武器。

第二节 信息资源建设

一、信息资源建设的概念

"信息资源建设"是一个在中国比较通行的图书馆专业术语，在西方通常称为馆藏建设或者馆藏发展。"信息资源建设"这个概念于 1995 年左右开始在我国广泛使用，目前，国内学术界对信息资源建设概念的理解还不完全一致，主要有以下两种理解。

第一，情报学界对信息资源建设概念的理解。情报学界在图书馆学界提出文献资源和文献资源建设概念之前，就已经对信息资源、信息资源建设的一些问题展开了讨论。随着国外信息资源管理理论进入国内以及我国正式与国际互联网接轨，信息资源建设就成了情报学理论界的研究内容及信息机构的工作内容。1995 年 3 月，国家计委、原国家科学发展委员会与国家信息中心联合下发了《关于开展全国信息资源调查的通知》，对全国数据库和电子信息网络资源进行调查。1997 年 4 月，原国家科学发展委员会又下发了《国家科委关于加强信息资源建设的若干意见》，该文件将数据库建设确定为信息资源建设的重点。从这些文件中我们可以看到，情报学界所说的信息资源建设主要是指网络信息资源建设，即数据库的建设，而不是图书馆学界所理解的取代"文献资源建设"的含义。

第二,图书馆学界对信息资源建设概念的理解。图书馆学界认为,信息资源是经过人类筛选、采集、组织、加工、开发,并可以存取和能够满足人类需求的各种媒介信息的有机集合,也就是说信息资源既包括制品型的文献信息资源,也包括非制品的数字信息资源。各位学者对信息资源建设所下定义比较有代表性的有以下三种。

程焕文认为,所谓信息资源建设是指图书馆根据其性质、任务和用户要求,有计划地系统地规划、选择、收集、组织各种信息资源,建立具有特定功能的信息资源体系的整个过程和全部活动。

肖希明认为,所谓信息资源建设就是人类对处于无序状态的各种媒介信息进行选择、采集、组织和开发等活动,使之形成可供利用的信息资源体系的全过程。

李芳认为,所谓图书馆信息资源建设就是图书馆根据其性质、任务和读者需求,对处于无序状态的各种媒介信息进行有计划和有系统的规划、选择、采集、组织和开发等活动,使之形成可资利用的信息资源体系的全过程。

二、信息资源建设的内容

从信息资源建设的工作流程的角度看,信息资源建设主要可以概括为以下五个方面。

(一)信息资源建设基本理论与方法的研究

信息资源建设基本理论与方法的研究是信息资源建设的重要内容之一,对建设高质量的信息资源体系具有重要指导意义。信息资源建

设基本理论与方法的研究包括:

第一,信息资源建设基本理论的研究,包括理论基础研究和基本理论研究。

理论基础研究:信息资源建设是信息化时代发展的产物,又是多门学科综合的结果,因此,需要融合信息科学、计算机科学、管理学、图书馆学、传播学等多门学科的理论进行研究。

基本理论研究;研究内容包括信息、信息资源的含义、类型、特征、发展趋势及社会作用;信息资源建设的含义、内容、影响因素、基本理念、原则、意义、政策、方法及信息资源利用与信息技术应用等研究。

第二,信息资源建设方法的研究。信息资源建设是一门应用型的学科,具有很强的实践性,因此信息资源建设方法的研究具有重要的现实意义。比如如何用逻辑思维方法、系统方法、信息方法来研究、分析、解决信息资源建设过程中遇到的问题、困难,如何实现信息资源处于最佳的运用状态和最优配置,得到最佳效果,以及如何认识复杂信息资源系统运动过程的规律性。

(二)信息资源整体布局模式

信息资源整体布局是一项非常复杂的系统工程。信息资源整体布局模式的构建应当与我国的经济、文化、教育、科技水平相适应,只有适合国情,讲求信息资源建设的经济效益与社会效益,最大限度地满足社会用户对信息资源的需求,才能使这一系统工程顺利建设。目前,我国信息资源主要分布在三大系统内:公共系统图书馆、科学院系统图书馆和高校系统图书馆。我国的国情决定了不可能打破现有的隶属体制,去建设一个所谓的全国信息中心;但可以在各个系统中分别建立信息中心，然后设立一个全国性的权威机构，站在全国的角度对信息资源建设进行统筹规划：合理布局，通过分工协作，尽可能获取所有重要的信息资源以满足社会用户的信息需求。此外，在国家层面建立一个多层次、多功能的信息资源保障体系，也是有必要的。

（三）信息资源的体系规划

在完善好信息资源整体布局的基础上，我们应当重视信息资源体系的规划。信息资源体系是指信息资源各要素相互联系、相互作用而形成的具有特定功能的有机系统。信息资源体系规划就是根据信息资源体系的功能要求来设计这个体系的宏观结构与微观结构。宏观层次上的信息资源体系规划就是从一个国家、地区或系统的整体出发，对信息资源进行统筹规划、合理布局，制定各种类型的图书馆与信息机构之间在信息资源收集、组织、存储、传递、利用等方面的合作规划，从而形成一个相互联系、密不可分的系统化的信息资源体系。微观层次上的信息资源体系规划就是每个具体的图书馆根据本馆的性质、任务和用户对象的需求，确定信息资源建设的基本理念、原则，信息资源收集的范围、重点和采集标准，提出本馆信息资源构成的基本模式。在此基础上，制定信息资源建设计划，安排各种类型信息资源的数量、比例，形成具有内在联系和特定功能的信息资源结构，建立有重点、有特色的信息资源体系。

（四）信息资源建设的操作

1. 文献资源建设的操作

在新的网络环境下，作为信息资源建设的一个重要组成部分，文献资源建设的内容应该有新的拓展与完善。文献资源建设包括文献的选择与采集，即根据既定的文献资源选择与采集的原则、范围、重点、复本标准、书刊比例等，通过各种渠道和各种方式，采集所需要的文献，建立并不断丰富实体馆藏资源；文献的组织与管理，即馆藏文献的布局、排架、整理、清点、剔除、注销与保护；文献资源建设的评价；文献信息资源建设协调的作用、原则与模式等。

2. 数字信息资源建设的操作

数字信息资源建设的操作包括数字信息资源的选择与采集、馆藏资源数字化和数字资源馆藏化、数据库建设、网络信息的开发利用与虚拟馆藏的构建、数字信息资源的组织管理。

数字信息资源的选择与采集：主要包括电子出版物的选择与采集和网络信息资源的选择和采集。首先，电子出版物的选择与采集。这里所说的电子出版物是指以实体形式存在的、单机或在局域网络中镜像存储使用而非网络传递的电子信息资源。电子出版物的选择与采集要根据读者需求、电子出版物本身的质量、电子出版物与其他类型出版物的协调互补、电子出版物的成本效益等原则进行选择和采集。其次，网络信息资源的选择与采集。网络信息资源包括付费订购使用的数据库、免费使用的网页信息资源等。网络数据库是通过签约付费，可远程登录、在线利用的电子信息资源，国内外许多数据库生产商或数据库服务集成提供商已开发出各种文献数据库，直接购买这些产品或服务，也是信息资源选择与采集的重要内容。

馆藏资源数字化和数字资源馆藏化：馆藏资源数字化是网络环境下图书馆信息资源建设的重要内容。馆藏资源数字化是指图书馆通过计算机和大量的存储技术、全文扫描技术、多媒体技术，将馆藏中有价值的印刷型文献转化为扫描版全文电子文献，制成光盘或网上传播。只有经过数字化处理的文献才能通过网络为人们所共享，满足读者的需求。但馆藏资源数字化并不都适合任何规模的图书馆。对于规模较大、特色馆藏丰富的图书馆来说，对馆藏文献进行数字化转换，是图书馆信息资源建设的重要内容。但对于那些资源并不丰富、特色也不明显的图书馆来说却未必是正确的，因为这种规模的图书馆很难处理好巨大资金预算与经费有限之间的矛盾，在此情况下以购买方式获取商品化的信息资源为本馆所藏或所用，同样是数字信息资源建设的一种形式，而且对于大多数图书馆来说是一种应该优先考虑的形式。

数据库建设：数据库建设是数字信息资源建设的核心内容，对图书馆来说，数据库建设包括馆藏书目数据库、联合书目数据库和特色数据库建设。馆藏书目数据库是开发图书馆信息资源的基础数据库，作用是对馆藏进行展示，便于用户检索和利用图书馆的信息资源。联合书目数据库通常是一个国家或者一个地区的图书馆等信息机构，在馆藏书目数据库的基础上，通过联机编目建立的反映文献资源收藏处所的书目数据库，有利于地区间的协作采购，是实现馆际互借、资源共享的基础和前提条件。特色数据库是图书馆特色资源的集中反映，是图书馆根据本系统、本地区的社会需求和本馆的技术力量、经费等条件，选择合适的主题，系统地将馆藏资源中的特色文献制作成独具特色的文献数据库或专题数据库，并允许网上利用。

网络信息的开发利用与虚拟馆藏的构建：因特网信息资源的开发利用，就是图书馆有目的地组织网上信息资源，为上网查询信息的用户提供指引和帮助。具体就是图书馆按照某种模式和方法通过上网搜索、选择、挖掘，发现一些专业学科的信息资源，通过分类、标引、组织，建立索引动态链接等，为信息用户提供查询服务。虚拟馆藏建设对图书馆的信息资源建设和信息服务具有重要意义。虚拟馆藏由于汇集了全球范围内的相关专业信息资源，无论在何处，连接终端的用户都可以自由地利用信息资源，为图书馆信息资源建设提供了丰富的资源保障。网络信息资源具有动态性和开放性的特点，网上的虚拟馆藏随时都在更新和变化，图书馆要将网络上大量无序的原始信息进行合理的整理组织，从逻辑意义上重构和整合。虚拟馆藏不仅扩展了图书馆的资源空间，为补充馆藏、拓展图书馆服务功能创造了条件，还提高了信息资源的针对性和有效性，使图书馆能够有效地为用户提供信息导航。

数字信息资源的组织管理：图书馆要对购买的数据库资源进行整合，将不同类别的资源加以合理区分，以便用户利用，同时将购买的数据库与自建数据库有机地集成一体，对其内容进行充分揭示，实现跨库检索，提供"一站式"服务，尽可能地为用户信息利用提供便利，并节约其宝贵的时间。另外，数字信息资源的安全管理是当前面临的一个重要问题，包括数字资源载体寿命问题、技术更新问题、数据格式问题以及安全防护问题等。

（五）信息资源的共建共享

进入信息社会，各种信息资源数量剧增，特别是随着数字化进程的快速推进，电子资源数量激增。数字信息环境下，图书馆再也无法凭借一馆之力来满足用户日益增长的信息需求。因此，信息资源共享便成了图书馆的呼声，也是图书馆为之奋斗的最高目标。然而，信息资源共享的前提是信息资源共建。因此，信息资源共建是信息资源建设的一项重要内容。具体地说，数字信息环境下，信息资源共建共享要达到如下目标：通过整体规划与图书馆之间的分工协调，建立起相对完备的信息资源保障体系；形成覆盖面宽、使用便捷的书目信息网络，实现网络公共查询、联机合作编目、馆际互借、协调采购等功能；建立迅速高效、便利的馆际信息资源传递系统。

三、信息资源建设的原则

信息资源建设的原则是信息资源建设客观规律的反映，是对信息资源建设实践的科学概括与总结。不同时期、不同地区、不同类型的信息服务机构由于社会环境、科学技术发展水平等不同，信息资源建设原则也不尽相同。一般来说，信息资源建设应遵循以下原则。

（一）思想性原则

图书馆是文化阵地，肩负着宣传教育、普及科学知识、提高全民素质的重任。所以，信息资源建设是开展思想政治教育的重要途径。积极、健康、向上的信息资源对于人们树立正确的世界观、人生观、价值观和形成良好的道德品质具有重要作用。我国社会发展的现实及图书馆自身的教育功能要求在信息资源建设中坚持思想性原则。思想性原则要求在信息资源建设过程中要重视采集、整合、保存对社会主义现代化建设及人们的思想道德和行为举止具有指导性意义的文献；收藏思想健康，具有较高学术价值和艺术价值，能提高人们思想道德水平和科学文化知识的优秀文献资源；剔除消极、迷信、不健康的负面文献信息，杜绝这类信息的侵袭。总之，在收集、整理、存储各种信息资源时，我们应坚持批判地吸收和继承古今中外一切正确、积极、健康的文化财富，为人类社会的发展增添动力。

（二）实用性原则

实用性原则是指图书馆及其他类型的信息机构，要从实际使用需要出发，规划、选择、收集、整理、组织和管理信息资源，从而最大限度地满足社会的信息需求。随着计算机技术与网络通信技术在图书馆的应用及虚拟馆藏的出现，图书馆对文献信息资源保存的职能日益削弱，而信息资源的服务利用功能得到加强。图书馆应当根据本馆服务任务的需要，或不同服务对象的实际需要，进行信息资源建设，最终落脚点在信息资源本身的"利用"而非"拥有"上。

图书馆在贯彻落实实用性原则进行信息资源建设时要做到以下几点：其一，信息资源建设要以各图书馆的具体情况和实际要求为依据，有目的、有计划地进行，建立起与其办馆性质、任务、用户需求相一致的信息资源体系；其二，信息资源建设要针对本地区的实际需要，结合本地区社会、经济、文化发展的特点，重点采集符合本地区现实需求和长远需求的各类信息资源，形成具有地方性的资源特色和重点；其三，信息资源建设必须以满足用户信息资源需求作为工作的出发点和归宿，既保证重点服务对象所需的信息资源，也兼顾一般用户所需的信息资源，从而发挥图书馆多方面的职能。

（三）系统性原则

系统性原则就是在信息资源建设过程中，必须注重宏观和微观的信息资源系统各要素之间的联系，掌握和发挥各种类型信息资源的特点和优势，使其优势互补、协调发展，形成系统、完整、统一的信息资源体系，为读者提供全面、系统、快捷的服务。系统性原则要求站在信息资源建设整体发展的高度，洞察用户需求的变化趋势和信息资源建设的发展规律，不断完善信息资源体系并实现体系良好的新陈代谢。具体包括以下几个方面：要完整系统地收集以服务重点学科为中心的一些纸质文献、数字化文献和特藏书刊；要保证与本馆服务任务直接相关的多卷书、丛书、连续出版物、重要工具书等文献资源与利用率高的电子资源完整连续，不能随意中断；要注意各学科间相互渗透、边缘交叉的内在联系，广泛而有选择地收集相关学科、边缘学科以及供一般读者学习与阅读的文献资源和数字化信息资源；各种类型信息资源之间要保持合理适当的比例。

（四）经济性原则

经济性原则指合理利用有限的采购经费实现文献信息资源的最佳配置，达到信息资源和采购经费的有效利用，最大限度地满足读者的信息需求。在当前市场经济的冲击下，书刊、数据库价格上涨速度过快，文献资源激增，电子资源不断推陈出新，但经费有限，因此，信息资源采集数量在不断下降。在这种情况下既要节约经费，又要充分、合理、高效地利用经费，提高信息资源采集的质量，准确地掌握采集范围、重点以及复本基数，充分收集、利用网络免费资源，集团采购电产资源，以满足用户不同需求。不错购、不多购、不重购，同时防止漏购。在信息资源建设过程中要经常性地对本馆的投入和产出效果进行评价，以便指导以后的信息资源建设工作。

（五）互补性原则

互补性原则就是实体馆藏与虚拟馆藏相互补充、相互依存的原则。

由于印刷型文献符合读者的阅读习惯，其开架率较高，不仅能满足读者的浏览权，并具有较高的利用率；同时，印刷型文献具有较强的学术权威性和政治上的可靠性，在知识产权和版权保护方面也有相应的比较健全的法律法规。因此，印刷型文献在各种信息资源载体中的重要地位不会改变。馆藏实体资源除上述优势之外，也存在不足，比如藏书有限、时间滞后，且复本率低。在当前网络环境下，实体馆藏资源已无法满足广大读者全方位、多元化、个性化的信息需求。相比之下，丰富的网络信息资源与网络的易传播性显示了网络信息旺盛的生命力和强大的服务功能。电子图书、电子期刊和各种数据库借助网络的强大功能发挥着重要的作用，在现代信息资源中占据了重要位置、在信息资源建设中，应将实体馆藏和虚拟馆藏信息资源建设结合起来，虚拟馆藏不能独立于实体馆藏而存在，二者是协调而非竞争或独立发展的关系，只有将它们的优势互补，才能更好地承担信息资源保障的重任，建立更为科学、更为完善的信息资源体系。

（六）特色化原则

特色化原则即优势原则。特色是信息资源建设的生命，没有特色就没有竞争优势和发展潜力，就会失去生存价值。在竞争日趋激烈的"互联网＋"时代，特色化要求尤显突出。特色化信息资源建设的思想，不论是现在还是将来，都将是信息资源建设的永恒主题，形成并突出自身馆藏资源特色，才能适应发展的需要，才能具有更广阔的发展空间。在信息资源建设中，应该以需求为导向，以馆藏为特色，选择本馆独有的、具有资源优势的专题和项目，开发建设特色数字化资源系统、特色资源数据库。这样有利于形成学科专业优势，避免重复建设，为实现网上资源优势互补、资源共享奠定基础。

在信息资源建设的实际工作中，图书馆要从学科特色、专题特色、地方特色、文献类型特色等方面入手，既注重信息资源的数量又注重信息资源的质量。它要求收集的文献有一定的规模，尽可能地系统完整；内容上有一定的深度，能体现学科发展的最新水平与动向；信息资源类型多样，构成比例合理，尤其是已形成特色的学科领域的最新信息资源要占合理的比例，对重点藏书和核心期刊有较为完整的收藏。

（七）安全性原则

安全性原则是指图书馆在对数字信息资源进行加工、存储、传递与管理，并利用网络为众多的终端用户提供各种信息服务过程中，要重视系统的安全性。数字信息资源开发建设的安全主要涉及数据安全、网络安全、信息安全等多个方面。为保证数字信息资源的安全可靠，应尽量选用技术成熟、性能稳定的信息存储与网络设备，利用管理系统的监测、诊断、过滤、故障隔离、在线修复等功能，保证网络系统的安全性和数据的可靠性；要树立产权意识和保密意识，在资源开发的过程中，不损害所有者的知识产权，不泄露国家或单位的有关机密。

（八）共建共享原则

共建共享原则是指一个系统、一个地区、一个国家，乃至全球的图书馆之间、图书馆与其他信息机构之间，建立广泛的合作关系，科学规划，分工协作，共同建设，相互开放使用，建立相互联系、相互依存的信息资源保障体系，实现信息资源的互通互联和全面共享。

信息技术的发展、网络环境的形成，使信息资源共建共享变得更为必要和迫切。信息资源种类的增加和价格的增长促使人们对实现文献资源共享的期望越来越高。基于现代通信技术、计算机网络技术以及图书馆自动化、网络化的发展，图书馆信息资源的共建共享进入了一个全新的发展阶段。共建共学原则是把信息资源建设的思想性、实用性、系统性、经济性、互补性、特色化、安全性原则从微观领域带入宏观领域，丰富了这些原则的内涵，同时也使信息资源建设真正成为一项社会性的事业，对促进社会的发展与进步发挥更为重要的作用。

四、信息资源建设的意义

第一，信息资源建设使无序信息成为可以利用的重要资源，为社会带来巨大财富。信息资源作为国民经济和社会发展所必需的一种重要的战略资源，为我们提供的是非物质形态的社会财富。社会信息产生时，是处于无序、随机、散乱，甚至失控状态的，属于无序"信息流"，人们很难加以利用，不能成为有效资源，信息资源建设的目的就是对无序的信息流加以整理，组织成一个科学有序的体系。从微观上看，信息资源建设要对信息进行鉴别、筛选、采集、加工、组织、剔除、管理；从宏观上看，信息资源建设要对信息资源进行统筹规划、合理布局、科学调控，从而建立起多层次的信息资源保障体系，使信息真正成为一种可以利用的资源。信息资源一旦作为生产要素投入社会生产过程，与物质资源、劳动力资源相结合，就会产生倍增效应，为社会创造巨大的财富。

第二，信息资源建设有助于人们便利地获取和利用信息。现代信息技术的迅速发展为信息资源建设提供了更加有利的技术支持，使得信息资源建设中对信息的加工与处理不仅仅停留在对信息形式特征的描述上，而是深化到对信息内容的深层揭示。信息资源建设在现代信息技术的支持下构筑了庞大的数据库体系，开发出文字、图像、声音、动画及多媒体等多种信息载体形式，拥有巨大的信息存储能力和多途径、多入口的检索能力，信息内容之多、信息量之大前所未有。同时，信息资源建设在完善的网络条件与通信条件下，能使人们跨越时空去获取自己所需要的信息，足不出户就可浏览到各地图书馆的最新图书和期刊，查阅到世界各国的文献资源和有用数据。这些都为人们在最大限度上获取有用信息奠定了基础，为人们利用信息带来了极大的便利，拓宽了人们的视野，提高了人们认识世界、改造世界的能力。

第三，信息资源建设是信息服务机构开展服务活动的基础与保障。无论是过去还是现在，信息服务机构都是通过对信息资源的采集、存储、管理和提供使用服务来实现自身职能的，因而，信息资源构成了信息服务机构开展各项活动、提供各种服务的基础和条件，信息资源的建设和开发能力构成了图书馆核心能力的基础。从一定意义上讲，读者服务是现代信息服务机构的中心任务，是保障信息服务机构获得持续竞争力的重要因素，然而这并不意味着它可以削弱甚至取代信息资源建设，没有信息资源建设工作对信息的采集、存储、整理与开发，任何形式的信息资源服务都是无源之水、无本之木。信息资源建设为信息服务机构开展服务工作、发挥服务职能提供了基础与保障作用。

第四，信息资源建设对于提高人的素质、促进社会进步具有重要的精神力量。信息资源与物质资源的一个重大区别在于，前者具有特殊的人文社会功能，不仅对社会生产力和生产关系具有重大的影响和促进作用，而且对社会生活方式的变革和人的全面发展产生直接的影响、促进以及引导作用。人的社会性形成，人的素质的增长，人的全面发展的目标，都只能在一定的社会交往之中才能实现。其中，信息资源对人的发展起到至关重要的作用。在现代社会，人的全面发展之所以能够由一种理想化的模式转化为可操作性的过程，人的素质建设之所以能够以惊人的速度超越传统社会，其中一个重要原因就是社会信息量的迅速增长和信息资源的广泛形成。正是信息资源的传播、获取、利用、转化提升了人们的科学内涵，提高了人们认识世界和改造世界的能力，使得信息资源建设成为加强人的自身素质建设的动力和源泉。人的现代素质提升的程度又最终决定社会全面发展的程度，所以信息资源建设对于促进社会进步具有重要的精神力量。

第五，信息资源建设有助于建设资源节约型社会。改革开放以来，我国的国民经济以惊人的速度发展，但这种快速发展是以能源与原材料的大量消耗与环境的日益恶化为代价的，因而是难以持续的，因此必须坚持"科学发展观"，而坚持以人为本，全面、协调、可持续的"科学发展观"要义之一，就是转变经济增长的资源基础，将主要建立在能源、原材料等自然物质资源消耗基础上的经济发展模式，转变为主要依靠科技进步和以信息、知识为资源基础的发展模式上来，实现国民经济又好又快发展。因此，加强信息资源建设有助于贯彻落实"科学发展观"，建设资源节约型社会，对促进我国经济和社会全面、协调和可持续发展具有重要意义。

第三节 信息资源建设的理论研究

任何实践活动都需要在一定的理论指导下进行,信息资源建设是技术性、业务性很强的实践活动,因此它需要有理论的指导与监督;反过来,经过对信息资源建设实践活动的概括和总结,同时不断从相关学科的理论和方法中汲取营养,又会不断形成、升华为新的理论来丰富、充实和完善原有的理论体系。

一、传统基础理论的运用

信息资源建设的传统基础理论包括图书馆学、情报学、档案学、大众传播学等。

图书馆学:是研究图书馆的发生发展、组织管理,以及图书馆工作规律的科学。研究的内容包括图书采访、图书分类、目录学、读者服务、文献检索、参考咨询、图书馆系统以及图书馆事业和宏观调控与管理等。信息资源建设主要探讨为符合图书馆任务和读者要求,如何系统地建立、发展、规划、组织馆藏体系以及信息保存、保护的理论与方法,进而研究系统、地区、全国信息资源的布局和信息资源的共享等。可以说,现代图书馆工作以及一些理论已与现代信息资源建设工作连成一线,其部分工作内容就是信息资源建设活动重要的核心组成部分。

第一章 信息资源建设概述

情报学：是以作为一种普遍存在着的社会现象的情报和整个情报交流活动为研究对象。具体地说，主要研究情报的收集、组织、存储、检索；情报系统资源的布局、开发和利用；情报网络和情报系统的建设；国家情报管理体制、国家情报政策与法规、情报产业与情报经济、情报教育等。现代信息资源建设活动的延伸是情报文献工作，因此现代信息资源建设的理论研究与情报理论紧密相连。

档案学：是研究档案的形成和特点、档案管理的原则和方法，以及档案工作发展规律的一门科学。具体地说，主要研究档案和档案管理过程（包括收集、整理、鉴定、保管、统计、检索、开发利用等）；研究档案系统及组织；研究国家档案事业的组织、管理和发展规律等。档案信息资源是建设现代信息资源的重要内容之一，与现代信息资源建设密切相关。

大众传播学：又称传播学或者传媒学，是研究人们运用符号进行社会信息交流的规律性和行为的一门科学。具体地说，主要研究传播和传播过程；传播类型与传播模式；传播媒介；传播与国家发展、传播与现代化等内容。现代传播学除了研究纸载信息这一传统媒体外，也研究其他各种形式的信息媒体——声像、缩微、电子出版物等，这为现代信息资源建设的信息资源传播提供了坚实的理论基础。

二、现代基础理论的运用

信息资源建设的现代基础理论是信息科学理论和信息整序理论。信息科学理论包括信息论、系统论和控制论，人们通常称为"老三论"；信息整序理论包括耗散论、突变论和协同论，人们通常称之为"新三论"。

（一）信息科学理论的运用

信息科学理论以信息为基本的研究对象，以信息的运动规律和应用方法为主要研究内容，以计算机技术为主要研究手段，以扩展信息功能为研究目标，是信息资源建设最直接和最重要的基础理论。

1. 信息论

信息论是一种关于通信的数学理论，它通过数理统计方法研究信息的度量、传递和变换规律，解决信息的获取、度量、变换、存储、传递等问题。信息论有狭义信息论、一般信息论和广义信息论之分。狭义信息论即申农的信息论，主要研究信息的测度、信息容量和编码等问题；一般信息论即通信理论，主要研究信息传输的一般理论，包括信号与噪声理论、信号过滤与检测、调制与信息处理等问题；广义信息论即信息科学，研究内容涉及通信科学、心理学、语言学、语义学、决策科学等与信息有关的一切领域。信息的传递交流也是一种通信工程，除了通过人与人之间直接交谈进行交流之外，更多的是通过电话、电报、无线电、电视、报纸、各种出版物等方式，借助于对各种符号和信号系统的传递、存储来交流信息。特别是现代信息技术被用于处理信息资源后，信息论与现代信息资源建设更是结下了不解之缘。

信息机构作为信息服务中心，以满足信息用户的需求为最终目的，对信息用户提供咨询、检索等服务，要做好这些工作，必然要求各子系统紧密配合，形成一个有机的整体，而这种配合就是一种信息交流的方式。信息机构的资源运行系统的这种信息交流表现为外部的交流与内部的交流。外部交流，主要指各信息机构之间的相互交流以及信息机构与外部环境之间广泛的联系。为了满足整个社会的信息需求，各信息机构之间必然要联合起来，互通有无，进行资源共建，实现资源共享。内部交流主要指内部子系统之间的相互作用、相互制约，表现在对服务对象的反馈信息的处理上。信息用户对信息资源中心的整体运作提出意见，这些意见被信息资源中心汇总、分析、研究，从中找出工作中的不足，加以改善，不仅能更好地为用户提供服务，同时也促进了自身的发展。

2. 系统论

1）系统与系统的性质

系统论是20世纪30年代由美籍奥地利生物学家贝塔朗菲提出来的。现代系统理论认为，客观世界的一切物质都存在于一定的系统之中。所谓系统，是"由相互联系、相互依赖的若干组成部分结合而成的具有特定功能的有机整体。而这个'系统'本身又是它所从属的更大系统的组成部分"。一个国家的信息资源系统也是如此，它具有普通系统所具有的基本性质。

第一，信息资源系统是由若干要素和子系统按一定方式组合而成的。各种信息生产部门、图书馆、情报机构、档案机构及其他信息机构的信息资源，都是构成这个系统的要素，各要素按一定的方式组成若干层次的子系统，然后由这些子系统组成全国信息资源整体系统，同时信息资源系统又是整个社会大系统的一个组成部分。

第二，信息资源系统内的各要素、各子系统间相互依存、相互制约，这种依存和制约关系是通过大系统这个整体相联系的。

第三，整体的信息资源系统具有一定的特性和功能，这些特性和功能并非各要素、各子系统特性和功能的简单叠加，设置合理的信息资源系统，其整体功能应该大于各子系统功能的算术和。

第四，信息资源系统存在于社会环境之中，并与环境进行物质、能量和信息交换。一方面，信息资源系统受到社会经济、政治、科学、文化、教育各种因素的影响和制约；另一方面，它又向社会提供信息资源，以其特有的作用促进社会的发展。

信息资源系统的客观存在及其特征，正是运用系统理论解决信息资源建设问题的基础。

2）运用系统理论和方法研究信息资源建设

系统的整体性原则是信息资源共建共享基本的方法论基础。从系统理论观点来看，信息资源共建共享的目的就在于充分发挥信息资源系统功能的放大作用，使大系统的功能大于子系统功能之和，这是系统的整体性原则决定的。系统的整体性原则为信息资源共建共享提供了以下几点启示：必须建立信息资源保障体系；信息资源保障体系必须有明确的系统目标，并能保证系统总体的最优化；信息资源保障体系的运行必须与社会环境相适应。

系统的联系性原则为信息资源体系结构研究提供了理论依据。系统的联系性原则是指系统要素之间、系统和环境之间存在着相互联系、相互作用的关系。联系性原则和整体性原则密不可分，它要求我们在考察任何对象时，都要从整体出发，把重点放在系统要素的各种联系上，从各种联系中综合考察事物，从而从整体上正确揭示事物的性质和发展规律。系统的联系性原则，要求提高信息资源系统的功能，不仅要注意提高组成信息资源系统的各要素的素质，而且要注意改善信息资源系统的构成、组合状况。

系统的有序性原则对信息资源组织的理论有指导意义。系统的有序性原则是指组成系统的各要素之间相互联系和制约的关系是有规律、有秩序的。系统的有序性，是系统有机联系的反映。系统中稳定的联系，构成系统的结构。系统的有序性越高，系统结构越严密，系统的功能就越强；反之，系统的有序性越低，系统结构越松散，其功能也越差。系统的有序性要求图书馆要依据一定的技术方法和规范，对采集的信息资源进行加工、整序。经过程序化的处理过程，才能成为馆藏信息资源体系中组织化、序列化的组成部分。要素出现控制失误时，不会影响到其他子系统的正常运行，对整个系统的运行也不会产生太大的影响，有利于极早地发现问题、解决问题。

（二）信息资源建设中信息整序理论的运用

信息的有序化是整个自然、社会有序化进程中的一部分，是加速自然、社会有序化进程的重要因素，耗散结构论、协同论和突变论从普遍的意义上，解决了一个开放系统如何从无序走向有序的问题。因此，信息整序理论也就成为信息资源整序的基础理论。

1. 耗散结构论

耗散结构论是比利时布鲁塞尔自由大学教授伊里来·普里戈金提出来的。所谓耗散结构指一个远离平衡态的开放系统，通过不断地与外界交换物质、能量，在外界条件的变化达到一定阈值时，从原来的无序的状态转变为在时间上、空间上或功能上的有序状态，这种远离平衡情况下所形成的宏观有序结构，就称为耗散结构。耗散结构论的基本思想：一是系统必须处于远离平衡状态，只有系统远离平衡状态时，才能形成有序结构；二是系统必须是一个开放系统，在外界的作用下，才能形成新的有序结构；三是系统内部各要素的相互协作，才能使系统从无序变为有序。信息系统正是一种耗散结构系统，它是一个远离平衡状态的开放系统，具有输入、输出、多次循环及反馈等开放性的基本特征。因此，耗散结构论成为信息资源整序的基础理论之一。

信息系统是一种耗散结构系统，它具备耗散结构的条件。信息系统原本无序，这种无序程度的存在及增长对信息的交流与利用造成了极大的障碍。那么信息系统要自觉地形成一个有序的结构，并使其内部结构产生的障碍逐步减少，就必须与外界环境进行交流，不断改变系统输入、输出和转换的过程，以抵消系统内部障碍的产生和增长，促使系统障碍减少，从而推动信息系统形成非平衡态的有序结构。

2. 协同论

协同论是由联邦德国斯图加特大学教授、理论物理学家赫尔曼·哈肯于1976年提出来的。协同论论述系统从无序到有序和从有序到无序相互转变的条件和规律。协同论认为，千差万别的系统，尽管其属性不同，但在整个环境中，各个系统间存在着相互影响而又相互合作的关系。其中也包括通常的社会现象，如不同单位间的相互配合与协作，部门间关系的协调，企业间相互竞争的作用，以及系统中的相互干扰和制约等。协同论的协同机制、自组织原理和规律性等基本原理为建设信息有序化理论体系提供理论指导。

在信息资源建设中，信息的有序化是信息资源建设的最基础、最核心的部分。从信息的生产、收集、组织，到信息的交流和利用就是一个从无序到有序的过程，可以用协同论来指导、建设信息有序化理论体系。

3. 突变论

突变论是由法国数学家雷内·托姆于1972年提出来的。突变论是现代数学的一门新兴学科，基本理论是：解释事物从一种稳定状态跃迁到另一种稳定状态的现象与规律，并用形象而精确的数学模型来描述和预测事物的连续性中断的质变过程。突变论表明质变可以通过飞跃的方式实现，也可以通过渐变的方式实现，因此，突变论为信息组织理论的发展与完善提供了理论基础。

在信息资源建设中，突变论方法可以用来研究信息对社会的影响、对知识结构改变的影响，以及进行信息系统的设计。

三、经济学原理的运用

信息是一种重要的经济资源，所以信息资源建设必须遵循基本的经济学法则，即用有限的信息成本获取尽可能大的信息报酬。信息成本指的是用于信息资源建设的资金投入。而信息报酬指的是信息投资的产出或效益。近年来，我国用于信息资源建设的投入在逐年增长，但总也跟不上信息资源数量的迅猛增长和价格的不断上涨。从我国大学图书馆信息资源资金投入现状看，省属重点大学图书馆资金投入多在一千万元人民币左右，国家重点大学图书馆多在几千万元人民币，但信息报酬则平平。严格地说，信息资源投资的效益是指信息资源被利用后引起生产要素增值的部分。但这种增值是一个十分复杂的过程，受很多因素影响，因此，信息资源效益具有很大的模糊性和难计量性。然而一个十分直观的事实便是信息资源的效益与资源的使用率成正比。

从我国目前的情况看,各种类型的信息资源利用率并不高,据统计数据表明,外文文献利用率仅为10%,中文文献利用率稍高些,也只在40%左右。因此,图书馆信息资源建设就需要运用经济学的有关理论、原理来有效配置信息资源,使其得以尽可能地利用,从而最大限度地提高效益。

(一)"二八规则"的运用

经济学中的"二八规则"指的是20%的事物被80%的人所利用,而80%的事物则只能被20%的人所利用,这就存在着成本效益比的问题,这一经济法则启示了图书馆信息资源建设要集中财力搞好图书馆的核心馆藏资源建设。图书馆中20%的信息资源被80%的读者(用户)所利用,而这20%的信息资源就是图书馆的核心馆藏,图书馆对核心馆藏应采取"拥有"的模式;80%的信息资源只有20%的读者(用户)利用,由于经费有限,图书馆要采取"获取"的模式加以利用。在数字信息环境下,图书馆要广泛地通过馆际互借、文献传递等方式获取那些利用率不高但有些读者又有需求的信息。信息资源建设中运用经济学中的"二八规则",主要是从读者、用户利用信息资源的角度来考虑搞好信息资源建设。

(二)"长尾理论"的运用

所谓"长尾",实际上是统计学中幂律和帕累托分布特征的一个口语化表述。图书出版的"长尾现象"是指某类图书的出版高度地集中在极少数出版社,而极少数的图书广泛地分散于数量很大的出版社里。信息资源建设中的"长尾理论"主要用来控制许多图书文献中学术专著资源的分布"长尾现象",从而全面扩大图书馆馆藏量、提高质量。

四、信息管理理论的运用

（一）文献老化理论与信息资源建设

文献的老化是一个必然的、普遍的社会现象。探求文献的老化规律，寻求描述文献老化的正确方法和指标，具有重要的理论和现实意义。所谓文献老化，是指随着"年龄"（文献出版距今的时间）的增长，文献的内容日益变得陈旧过时，逐渐减少或失去其作为情报源的价值，越来越少地被读者或用户所利用。根据《发明问题》杂志统计分析，文献的平均使用有效期是：图书10~20年，期刊及连续出版物3~5年，科技报告10年，学位论文5~7年，技术标准5年，产品样本3~5年。20世纪40年代，许多科学家、图书馆学家对这一现象做了大量的研究。到目前为止对文献老化速度的量度主要有两个，即文献半衰期和普赖斯指数。

首先，文献半衰期。为了衡量已经发表的文献的老化速度，1958年美国科学家贝尔纳在其发表的《科技情报的传递：用户分析》一文中，借用放射性元素衰变过程中的"半衰期"这一术语来描述文献的老化率。1960年，美国图书馆馆员伯顿和凯普勒合作，共同研究科技文献的"半衰期"。他们对文献半衰期下的定义是：现有活性文献中一半的出版时间。所谓"现有活性文献"，指的是某学科现时尚在被读者利用的文献，而半衰期就是指这些正在被利用的文献中一半是在多长一段时间发表的。因为半衰期与某学科文献中的半数失效所经历的时间相当，所以可以通俗地说文献半衰期就是各学科被利用的文献总量中，一半文献失去利用效率所经历的时间。

伯顿和凯普勒统计了9个学科的文献半衰期，其他人后续又补充统计了几个学科，得出的结论是不同的学科的文献半衰期长短差异很大（表1-3）。

表1-3 不同学科的文献半衰期统

学科	半衰期/年
地理学	16.1
地质学	11.8
数学	10.5
植物学	10
化学	8.1
生理学	7.2
机械工程	5.2
社会学	5
物理学	4.6
冶金学	3.9
生物医学	3

由此可见，文献的老化是一个非常复杂的问题，它不仅取决于这些文献所属的学科性质，而且还受到文献增长、时代特点、人类需要、社会环境和情报需求等许多因素，特别是文献的类型和性质的影响，比较成熟、稳定的学科的文献要比新兴学科文献的半衰期长。同一学科的各种类型文献也有着不同的老化速度。科学专著要比期刊论文、科技报告、会议文献等的半衰期长；经典论著要比一般论著的半衰期长；理论性期刊物要比通讯报道性刊物的半衰期长。

需要注意的是，文献的半衰期不是针对个别文献或某一组文献的，而是针对某一学科或专业领域的文献总和而言的。

第二，普赖斯指数。1971年，美国科学学家D.普赖斯提出了一个衡量各个知识领域文献老化的数量指标，即"普赖斯指数"，就是在某一知识领域内，把年限不超过5年的文献引文数量与引文总量之比作为指数，用以量度文献老化的速度和程度。其计算公式为

P（普赖斯指数）= 出版年限不超过5年被引文献量 / 被引文总量

通常情况下，某一学科领域文献的普赖斯指数越大，其半衰期就越短，其文献老化的速度就越快。

根据普赖斯指数，可将所有被利用的文献分为两类：一类是"档案性文献"，另一类是"有现时作用的文献"。档案性文献是指年龄超过5年而仍然被引证的文献，有现时作用的文献是指年龄不大于5年的被引文献。在统计计算的基础上，档案性文献的普赖斯指数在22%~39%，有现时作用的文献的普赖斯指数为75%~85%，各学科文献的普赖斯指数的总平均值约为50%。按学科来讲，物理学和生物化学方面期刊的普赖斯指数为60%~70%，X射线学和放射学的指数为55%~60%，社会科学的指数为40%~45%，植物学的指数约为20%，语言学和历史学的指数小于10%。

普赖斯指数和文献半衰期是两个既有联系又有区别的衡量文献老化的指标。它们都是从文献被利用的角度出发，但以不同的方式来反映文献老化的情况。文献半衰期只能笼统地衡量某一学科领域全部文献的老化情况，而普赖斯指数既可用于衡量某一学科领域全部文献的老化情况，也可用于衡量某种期刊、某一机构甚至某一作者和某篇文

献的老化情况。

(二)布拉德福定律与信息资源建设

现代科学的不断分化、不断综合,使各学科的严格界限渐渐消失,各学科之间的相互联系逐渐加强,文献的分布也呈现出既集中又分散的不均匀现象:一方面,相当数量的专业论文相对集中刊载在少量的专业期刊中,其余的专业论文却高度分散刊载在大量非专业期刊中;另一方面,一种专业期刊不仅刊载本学科的论文,也刊载许多相关学科或相邻学科的论文,而同一专业的论文不仅发表在本专业刊物上,也发表在许多不同专业的刊物上。这一现象引起了人们的关注,早在1930年左右,国际文献学、情报学、图书馆学界就开始对此进行深入的研究。著名的布拉德福定律就揭示了科学论文在期刊中既集中又离散的分布规律。

英国化学家、文献学家布拉德福认为,按照科学具有统一性的原则,科学技术的每一个学科或多或少、或远或近与其他任何一个学科相关联,因此才会产生某一学科的文献出现在另一个学科期刊之中的现象。基于这一点,布拉德福经过长期对各学科文献的大量统计调查,发现了文献的分布规律。他发现,有关电技术的全部文献,约1/3登载在本专业的少数几种期刊上,约1/3登载在数量约5倍的并非直接与电有关的力学或交通运输等相关学科的期刊中,还有1/3登载在25倍数量的相邻学科期刊上。在对书目、文摘等进行大量统计分析的基础上,布拉德福采用等级排列技术,揭示了文献离散定律,他指出:如果把科学期刊按其关于某一学科主题的文献刊载数量,以递减顺序排列起来,就可以在所有这些期刊中区分出载文率最高的核心部分和包含着与核心部分同等数量论文的随后几个区,这时核心区和后继区中所含的期刊数成 1：n（$n>1$）的关系。这就是布拉德福定律的区域表述形式。

布拉德福定律表明,每一学科或专业的文献,在科技期刊群中的分布总是相对集中在少数专业期刊中,同时又高度分散在数量庞大的相关专业与相邻专业的期刊中。专业核心区期刊,种数不多,但该学科文献载文率高,信息量大,与该学科关系密切,大多反映了该学科的前沿问题,学术价值高;相关区期刊,种数较多,该学科文载率中等,信息量次之,与该学科关系较密切,学术价值较高;非专业相邻区期刊,种数很多,该学科载文率低,信息量小,与该学科关系较疏远。总之,核心期刊载文率高,质量上乘,而且读者借阅率高,引用指数较高,是一个学科重要的学术信息源。

布拉德福定律从产生到现在一直受到图书情报界的高度重视,尤其是对图书馆的信息资源建设具有很强的指导作用。布拉德福定律描述的是科学论文在期刊中的分布规律,其实布拉德福定律还具有普遍性。它不仅表现在科技期刊论文分布具有集中性和离散性,图书文献中学术专著的分布也同样具有集中性和离散性。因此,图书馆应积极运用布拉德福定律原理及方法,测算出每个学科的核心期刊,每个学科出版学术专著的核心出版社,掌握专著的基本分布规律,从而有的放矢地配置资源。在数字信息资源环境下,各类信息资源如潮水般涌现,而图书馆信息资源购置经费又往往紧缺,精准确定核心期刊、核心出版社及核心作者对图书馆信息资源建设尤为重要,对于准确收藏读者利用率最高的信息资源、指导读者重点阅读、制定信息资源建设政策及优化馆藏等工作也具有重大意义。

(三)零增长理论与信息资源建设

零增长理论又称为稳定状态理论,是指导图书馆信息资源建设的重要理论,也是一种控制图书馆藏书量增长的理论。1975年英国大学拨款委员会公布的阿金森报告对这一理论进行了权威的解释:零增长理论就是要求建立有限规模的图书馆,在图书馆达到一个可靠的目标(馆藏量、功能等指标)之后,剔除馆藏文献的速度应当等同于购进文献的速度,即图书馆新购入的文献资料只是对准备剔除文献资料的相应补偿,馆藏的实际增长数量为零,从而使图书馆收藏的文献总量保持一种相对稳定的状态。

实际上零增长理论并不成熟和完善,具体实施的办法和标准还存在不少困惑与疑难,但这一理论对信息资源的借鉴指导作用却不能忽视。主要表现在,第一,零增长理论可保证文献信息资源建设稳定、和谐地发展。根据当前图书馆藏书基础还比较薄弱、发展失控或数量盲目增长的实际情况,在借鉴零增长理论时,要正确处理好藏书数量与质量之间的关系,在提高藏书质量的同时,实现藏书数量的低速或适度增长,保证文献资源建设稳定、和谐地发展。第二,零增长理论可用于指导图书馆藏书的初选工作。初选工作具有很强的知识性和学术性,它是对文献信息的知识内容和情报价值的鉴别和选择,选择的结果将对图书馆藏书的质量起决定作用。根据零增长理论的要求来加强藏书的初选工作,要有针对性地、认真地收集和选择文献信息,尽量避免不必要的文献信息被补充进馆藏中,要真正把好图书馆藏书的入口关。第三,零增长理论可用于指导图书馆藏书的复选与剔除工作。

依据零增长理论的要求,要经常性地对入藏的文献信息进行复选,及时剔除知识老化、陈旧破损、过时失效、复本过多、利用率低下的馆藏文献,使馆藏文献信息更加精炼,改善并提高内容质量、构成质量、利用质量,始终保持馆藏文献信息的生命力。第四,零增长理论可以优化文献信息资源共享的质量。零增长理论实施的前提条件之一就是要有合作利用馆藏、资源共享的机制,在读者文献信息需求日益多样化、复杂化的今天,单靠某个馆进行文献信息资源建设与服务,是绝对不能做好服务工作的。因此,应把零增长理论应用于实践中,广泛开展信息资源建设的协调与合作,建立一定数量的中心图书馆和贮存图书馆,切实做到分工入藏、合作利用、资源共享,充分满足读者的信息需求。

(四)信息资源建设中信息管理的相关基础理论的运用

信息资源建设中信息管理的相关基础理论包括:信息自组织理论、元数据理论和知识组织理论。

信息自组织理论:信息自组织是信息组织方法的拓展,是信息组织理论研究中的一项新课题,凡是能够不再借助于外部控制而能实现从无序到有序的转变,并维持稳定有序状态的系统,就称为自组织系统。任何自组织系统都是通过谐振、反馈和放大完成信息增强,并保持有序效应的。信息自组织是指作为信息系统组成要素的信息,由于人与人之间、人与系统其他要素之间存在的相关性、协同性或默契性而形成特定结构与功能的过程,也就是信息系统不需要外界指令就能自行组织信息,自我走向有序化和优化的过程。近几十年,由于信息总量的持续增长、信息技术的飞速发展,信息系统显著地具备了自组织的条件,特别是网络信息已经具有自组织系统的开放性、远离平衡和非线性相干等特征，因此研究信息自组织理论对于信息资源的组织尤其是网络信息的有序组织具有非常重要的理论与实践意义。

元数据理论：元数据一词最先出自美国航天局（NASA）的《目录交换格式》（DIF）的手册中。元数据的定义在不同领域有不同的理解。在图书信息界，对元数据的定义是："它是提供关于信息资源或数据的一种结构化的数据，是对信息资源的结构化的描述。"从某种程度讲，元数据理论是针对信息组织而言的。

知识组织理论：知识组织产生于图书馆学、情报学的分类系统和对叙词表的研究。不同于传统的文献整理以文献加工为本位，皆在提示文献的知识内容，知识组织以知识单元为加工本位，它不仅提示文献的学科、主题内容，而且注重提示文献的知识单元。利用这一理论，将信息中所包含的知识内容用语词和概念进行标引和组织，能更全面和有效地对现代信息资源进行组织和检索。

第二章
图书馆信息资源建设

第一节　影响信息资源建设的因素

信息资源建设是人类选择、采集、组织、开发、利用信息资源的社会性活动，因此其发展必然要受到社会政治、经济、文化、科学技术等因素的影响和制约。特别是近几十年来，信息技术和网络技术的快速发展，引起了社会政治、经济、文化领域的深刻变革，也引起图书馆事业的深刻变革，这无疑也给图书馆信息资源建设带来直接而深刻的影响。通常情况下，图书馆信息资源建设的影响因素主要包括：当前处于高度的信息化社会和网络化时代、国家制定的各项政策、相关法律、文献和电子信息出版发行等。

一、高度的信息化社会和网络化时代

（一）高度的信息化社会

21世纪的社会是信息化进程中的社会，信息资源成为重要的生产要素、无形资产和社会财富。这种高度信息化社会的主要特点之一，就是文献信息量和数字化信息量的迅速增长，并以信息技术为指导，以信息产业为核心，以信息经济为基础。

高度信息化的社会以知识信息为基础，而大力发展教育、普及科学文化知识、提高全民族的科学文化水平是推动信息化社会发展的动

力。图书馆是信息系统的重要组成部分，是信息中心和信息源。信息技术将是推动 21 世纪图书馆发展的主导技术，它将从根本上改变图书馆的面貌、工作流程、循环方式，推动图书馆进入一个崭新的发展阶段。具体影响体现在：第一，电子出版物、全文数据库的出现和发展将使图书馆信息载体走向数字化；第二，多媒体技术的出现和发展将使多元信息集成化、交互化；第三，信息高速公路、互联网络的出现和发展将使图书馆信息传递高速化、高效化。

（二）高度网络化时代

"互联网+"时代的信息网络化，既给图书馆带来很大的发展机会，又给图书馆带来巨大挑战。现代网络不同于传统网络，传统网络是指纵横交错形成的组织或系统，现代网络不仅是一个纵横交错的系统，而且是一个信息系统。网络和信息不可分离，现代网络主要以传递信息为目的，如果不传递信息就相当于一条空车道。因此现代网络可看作信息高速公路。

现代图书馆已经进入网络化阶段，是由信息高速公路、互联网络、数字化图书馆组成的三位一体系统。信息高速公路、互联网络是传递信息的通道，数字图书馆是网络的信息源。三者相互联系，是一项系统工程，每个方面在系统中处于不同层次，发挥各自不同的作用。

信息高速公路的功能在系统中处于最高层，是国家信息建设的基础设施，由国家和社会出资兴建。它以光纤为"路"，集电话、电脑、电视、电传功能为一体，并以传送语言、文字、数据、图像的多媒体为"车"。数字化图书馆是信息高速公路、互联网络的组成部分，是它们的子网络或者联机网络。数字化图书馆运用数字电子技术，计算机网络使人数众多而又处于不同地理位置的用户，可以利用大量和分散在不同贮存处所的电子物品的全部内容。这些电子物品包括网络化的文本、地图、图表、声频、视频、商品目录，以及政府、企业、科研的数据集、超媒体和多媒体等。

高度网络化的时代将产生大量的网络文献（虚拟文献）和网上书店，为图书馆信息资源建设中的信息采访、资源结构、组织管理、资源评价与信息服务等开辟了一个崭新的局面。

（三）高度数字化图书馆

网络需要图书馆提供信息，图书馆需要利用网络发展自己，通过网络快速传递信息，为更广更多更远的读者提供服务。然而，图书馆要利用网络为读者服务，就必须使文献数字化，将印刷型文献转化为数字型文献，建立数据库，发展数字图书馆。

数字化图书馆，也就是电子图书馆、虚拟图书馆。一切工作全部采用计算机，信息全部数字化，建立起集采集、处理、存贮和提供电子信息为一体的体系结构。数字化图书馆的服务模式、信息载体将会发生重大变化。

二、国家政策因素

图书馆与社会的经济、科技、教育、文化事业有密不可分的联系，图书馆信息资源建设作为选择、收集、组织、布局、开发和利用信息资源的社会性活动，必然会受到国家政策的影响。同时，国家政策的制定和变化，也对图书馆等信息机构的信息资源建设起到重要的推动作用、直接的指导作用、有效的调节作用。通常，对图书馆信息资源建设具有重要指导意义的有以下几点。

（一）科学发展观

图书馆信息资源是社会信息资源的重要组成部分，其丰富程度是衡量一个国家信息能力的重要标志之一。激活并开发利用图书馆信息资源体系中蕴藏的知识信息，将其作用于物质生产，可大大提高劳动生产率，提高产品的知识含量，增加产品附加值，取得明显的经济效益；作用于人，可以大大提高劳动者的素质和智力水平，创造出更多的物质财富和精神财富。这些，正是落实科学发展观所需要的。因此，党和国家提出落实科学发展观的决策，为图书馆信息资源建设的快速发展提供了良好的政策环境。

（二）国家创新体系

我国国家创新体系通常包括知识创新、技术创新、知识应用、知识传播四个系统。从四个系统的主要功能可以看出国家创新体系的每一组成部分都与图书馆信息资源的利用有直接的关系。首先，图书馆作为人类知识的宝库，是为知识创新和技术创新提供知识信息的重要基地。图书馆不仅提供已有的信息和知识，还对文献进行深层次加工，为知识创新与技术创新提供专职增值的信息和知识。其次，图书馆通过对知识信息载体的选择、收集、组织、加工，无序的信息变为有序，固化的知识得以活化，并且借助计算机和现代通信技术，实现知识信息的跨时空传播，不仅为高等学校培养人才提供了有力的信息保障，而且为职业培训、继续教育和提高广大民众的科学文化素养创造了条件。最后，图书馆针对用户需求，运用先进的信息处理技术，对各类信息进行收集、鉴别、组织、加工，开发出市场需要的信息产品，通过科技咨询、技术转让、技术中介等活动，推动科技成果走向市场，转化为直接生产力，促进社会经济的发展。由此可见，图书馆及其信息资源系统是国家创新体系的有机组成部分。国家为促进自主创新体系建设制定的各项政策，也必将为信息资源建设创造出有利条件。

（三）面向21世纪教育振兴行动计划

中国共产党第十五次全国代表大会提出了跨世纪社会现代化建设的宏伟目标与任务，对落实科教兴国战略做出了全面部署。为了实现党的十五大所确定的目标与任务，落实科教兴国战略，全面推进教育的改革和发展，提高全民族的素质和创新能力，教育部于1998年12月24日颁布了《面向21世纪教育振兴行动计划》。

该行动计划内容丰富，包括：实施"跨世纪素质教育工程"，提高国民素质；实施"跨世纪园丁工程"，大力提高教师队伍素质；实施"高层次创造性人才工程"，加强高等学校科研工作，积极参与国家创新体系建设；继续并加快进行"211工程"建设，大力提高高等学校的知识创新能力；实施"现代远程教育工程"，形成开放式教育网络，构建终身学习体系等，共计12个方面50条。这是我国在贯彻落实《教育法》和《中国教育改革和发展纲要》的基础上提出的跨世纪教育改革和发展的宏伟蓝图。

图书馆作为社会文化教育机构，重要的社会功能之一就是教育功能，在面向21世纪教育振兴行动计划中，图书馆应该而且能够发挥其作用，如进行素质教育、终身教育，鼓励人们在工作的同时不断学习新知识，接受新知识。可以说，《面向21世纪教育振兴行动计划》的实施，将为图书馆的信息资源建设带来一次难得的发展机遇。

（四）推进社会主义文化大发展大繁荣的方针

现代社会是一个高度关联的整体，任何一项事业的发展必须与其他事业的发展相协调，与国家发展战略相一致。图书馆信息资源的发展与经济建设及科技、教育、文化事业的发展存在相互依存又相互矛盾的关系，这种关系必须用政策来协调。因此，国家为经济建设及科技、教育、文化事业的发展所制定的政策是图书馆事业发展和信息资源建设的基本依据，也是重要的环境因素。

（五）国家信息资源建设政策

2006年5月，中共中央办公厅、国务院办公厅印发的《2006—2020年国家信息化发展战略》将信息资源建设与开发纳入国家信息化整体发展规划，信息资源建设受到社会的广泛关注，也给信息资源建设带来了一个全新的社会环境。2016年7月，中共中央办公厅、国务院办公厅印发了《国家信息化发展战略纲要》，它是规范和指导未来10年国家信息化发展的纲领性文件，是信息化领域规划、政策制定的重要依据。

信息资源建设政策是一个多层次的政策体系，主要有四层：第一层，文献信息资源建设政策，包括文献信息资源选择与采集政策、文献信息资源管理政策；第二层，数字信息资源建设政策，包括数据库建设政策、网络信息资源开发利用政策、数字信息资源整合政策、数字资源长期保存政策、信息安全政策；第三层，信息资源共建共享政策，包括信息资源宏观布局政策、信息资源协调采购政策、书目信息资源共建共享政策、文献传递政策、信息资源公共获取政策；第四层，信息技术与标准化政策，包括信息技术支持政策和信息描述、加工、传输的标准化政策。

三、国家法律因素

信息资源建设不仅需要国家政策的指导和调控，而且需要国家法律的调节与规范。与信息资源建设关系最为直接、密切的是知识产权制度。

（一）知识产权制度

为适应社会主义市场经济发展的需要，实现我国知识产权制度与国际规范的全面接轨，我国陆续颁布《中华人民共和国科学技术进步法》《中华人民共和国专利法》《中华人民共和国著作权法》及商业秘密保护法律法规等，不断完善知识产权法律体系。

知识产权制度的根本目的，是要保护知识所有者的知识产权，同时又促进构成这种产权的知识的充分公开和利用；图书馆以最大限度地满足读者对信息资源的充分利用为宗旨，因此，图书馆工作与知识产权制度是密切联系的。图书馆信息资源建设对各种类型的信息载体进行收集、加工和整理，为社会积累和建设信息资源，工作对象与知识产权法律尤其是著作权法的保护客体息息相关。知识产权制度对信息资源建设具有积极的规范作用。

在网络信息环境下，图书馆信息资源建设中涉及的知识产权问题主要有以下几个方面：文献复制中涉及的知识产权问题；采购非法出版物涉及的知识产权问题；馆藏文献数字化建设的知识产权问题；数据库建设涉及的知识产权问题；数字信息导航中涉及的知识产权问题等。

（二）运用政策和法律力量保障信息资源建设

信息资源是国家和社会重要的战略资源，对信息资源的拥有、开发和利用的水平，已成为衡量一个国家综合国力和国际竞争力的重要标志。因此，世界各国对信息资源建设均给予高度重视，制定国家层次的信息政策与法律，为信息资源建设提供良好的政策与法律环境。2017 年 7 月 22 日，十二届全国人民代表大会常务委员会第二十八次会议首次审议《中华人民共和国公共图书馆法（草案）》，这是我国第一部图书馆专门法，是为了加强对公共图书馆管理，推进公共图书馆事业的发展，较好地保障人民群众的公共读书权利而制定的法规。

信息资源建设是图书馆一项最基本的业务活动。随着信息环境的变化，信息资源建设面临包括知识产权保护问题在内的许多新问题，制定有关信息法律从而对信息资源建设中的行为进行规范是十分必要的。信息法律应当形成一个体系，这个体系要能够体现信息工作的内在规律，要能够有效调节信息活动中形成的各种社会、经济关系和行为。具体到图书馆，就是要建立信息法律体系，为图书馆的信息资源建设提供法律支持。要在相关法律中明确图书馆的性质、地位、社会职能、图书馆与社会的关系等，明确规定图书馆及其藏书资源的公益性，从而为知识产权法中有关图书馆信息资源建设中合理的复制、数字化、下载等活动的规定提供法理依据。要制定著作权法的实施细则，使一些敏感问题如电子复制等的规定尽可能明确，以提高其操作性，使图书馆的信息资源建设活动有法可依。

四、出版发行因素

据中国产业调研网发布的有关中国出版业行业发展调研与发展趋势的分析报告显示,传统出版与新兴出版的融合发展正在进一步加深。出版事业的发展、出版物品种的增多、出版物数量的急剧增长,为图书馆信息资源的建设和发展提供了丰富的来源。但是,其中也存在不少问题,主要体现在:文献数量庞大冗杂,质量良莠不齐,甚至真伪难辨,选择困难较大;出版发行渠道多而无序,文献采集的时候盲目性极大;出版类型多种多样,信息内容重复;网络出版的冲击;网络书店的兴起改变了文献信息资源采集的工作流程、工作模式、规则、经费计算方式等。

除此之外,图书馆的整体规划、信息技术在图书馆的应用情况、自身建设特点、经费影响以及信息用户需求等,也是图书馆信息资源建设的影响因素。

第二节 印刷型馆藏的组织管理

一、信息资源组织管理的概念

信息资源组织管理,就是图书馆对所收集的信息进行有序化与优质化组织,即按照一定的要求采用一定的科学规则和方法,对信息外在特征和内容特征进行表述和排序,从而实现无序信息流向有序信息流的有机转换,使信息的集合达到有机的组合、科学的排序和有效流通,促进用户对信息的有效利用和获取,也就是以现代技术为手段,对信息资源进行计划、组织、调控的活动过程。

图书馆收藏了大量的多样化信息资源,虽然拓展了用户选取信息的时空,在很大程度上满足了用户对信息需求的意愿,但这些多样化的信息对用户利用信息又造成了新的困难。不同的信息系统所依赖的技术环境不同,造成检索方法、检索界面的复杂性、差异性,这就要求用户掌握多种检索方法,增加了信息查询的难度;不同类型载体的信息缺乏必要的联系,造成用户查找、检索的困难和时间的浪费;不同来源的信息资源不可避免地出现重复、冗余,影响了用户信息查询的准确率;不同载体形态的信息资源之间缺乏关联,影响信息查询的查全率。因此,对图书馆所藏信息资源进行科学合理的整合是非常必要的。现代图书馆无论在管理理念上还是在服务技术手段上，都要比传统的图书馆更加重视也更有条件从事信息资源的开发利用，图书馆员提供的不应再是被动的服务和简单的文献保存与传递工作，而应当成为信息的管理者和导航员。

二、信息资源组织管理的内容

信息资源的组织管理大体涉及以下三个层面的内容。

（一）信息资源布局结构的规划与组织

信息资源布局结构的规划是图书馆信息资源开发利用的关键和核心问题。发挥馆藏信息资源的作用，最大限度满足图书馆读者不断变化的信息需求，是对信息资源组织管理的具体要求。信息资源布局的结构直接影响着图书馆的服务保障能力。

信息资源布局结构规划的目标是将相对有限的信息资源组织成为一个具有科学层次结构和合理空间布局的网络系统和保障体系。它需要解决的问题主要有：选择什么样的模式组织馆藏信息资源；选择什么样的思路保证馆藏信息资源的持续发展；选择什么样的方式序化馆藏信息资源；选择什么样的策略供读者利用。

为实现这一目标，图书馆信息资源的组织与管理应做到：在空间区域上，以馆藏信息资源的学科分布为主线，将各种载体的信息资源与读者的信息需求有机结合起来，形成不同的信息资源利用空间；在时间范围上，充分反映和有效组织不同时期人类文化知识成果，传承历史，延续人类文明的发展脉络；在数量发展上，强调存量与增量的配置、品种与复本的关系处理，使各种载体形态的信息资源相互补充。

力图通过对信息资源组织结构层次的规划和研究，建立最优化的信息资源组织模式，形成结构合理的信息资源保障格局。

（二）信息资源的序化和管理

信息资源的序化和管理是图书馆信息资源组织管理的基础性工作内容，是在信息资源布局结构规划的指导下所开展的具体活动，目的在于保持图书馆信息资源体系的层次性、有序性及有效性。

信息资源序化和管理包括信息资源的组织与排架、信息资源的复选与剔除、信息资源的保存与保护等工作内容。信息资源的组织与排架是按照一定的排列方式对图书馆已加工处理的信息资源进行再序化，以确定信息资源准确位置的过程；信息资源的复选与剔除是对图书馆信息资源内容进行再筛选，以优化馆藏结构，节省馆藏空间，增加馆藏信息资源体系活力的过程；信息资源的保存与保护则是对馆藏信息资源的载体形态进行维护和修复，延长信息资源使用寿命的过程。可以看出，馆藏信息资源的序化和管理是一个建立信息资源流通渠道的完整过程，该渠道的畅通与否直接影响图书馆读者对信息资源的利用效率，影响信息资源体系利用的质量。

（三）信息资源评估活动的组织

信息资源的评价是图书馆信息资源建设中的重要内容，也是信息资源组织管理工作的最后一个重要环节。信息资源体系评价活动是对信息资源组织管理工作的全面检验，也是对信息资源体系运行状态的校正和反馈。主要运用各种定性的和定量的方法，对信息资源体系的结构和功能进行检测，找出既定目标与实际效果之间的差异，为完善信息资源体系的功能、优化图书馆信息资源体系结构、提高图书馆服务能力提供可靠的依据。

三、信息资源组织管理的方法

随着图书馆电子化、数字化信息资源的迅速发展，信息资源品种和数量不断增多，馆藏信息资源体系不断扩展，信息资源的组织管理方法也多种多样。信息资源的组织管理大体可以从信息资源内容和信息资源形式两个方面进行。

（一）信息资源内容方面

从信息资源内容方面进行组织，是馆藏信息资源组织的重要方法之一，它是根据信息资源的内容特征，使用一套含有语义关系的符号系统来组织信息资源，这种信息资源的组织方法就是内容组织法。内容组织法不仅对馆藏信息资源具有序化功能，对图书馆读者的信息资源利用来说还具有引导和认知的功能，是信息资源组织的核心方法。

（二）信息资源形式方面

从信息资源形式方面进行组织，是指根据信息资源的外部形式特征和物质形态特征进行组织。由于馆藏信息资源的多元化，图书馆信息资源的组织利用方式也多种多样，这种多维的特点形成了读者利用的基本条件，也是馆藏信息资源组织序化的基本要素，因此，按照信息资源的外部形式特征和物质形态特征进行信息资源组织就成为信息资源组织的基本方法。常见的组织方法有出版形式组织法、载体形态组织法、时序特征组织法、地序特征组织法等。

总之，馆藏信息资源组织的方法多种多样，图书馆可以根据自己的馆藏特点和读者的实际需要进行选择和应用。

四、印刷型馆藏的组织

印刷型馆藏是图书馆馆藏中以纸张为载体，以油印、石印、胶印、铅印和复印等印刷方式来记录信息和知识的一种文献形式的信息资源的集合。印刷型馆藏是现代图书馆馆藏中不可或缺的重要组成部分。

（一）印刷型馆藏的布局

所谓印刷型馆藏布局，是指将图书馆入藏的全部印刷型文献，按照一定的标准，划分为相对独立的若干部分，建立各种功能的书库。为每一部分藏书确定合理的存放位置，以便保存和利用。印刷型馆藏布局的实质就是对印刷型馆藏信息资源进行空间位置上的科学、合理划分，力求使印刷型馆藏信息资源与读者需求达到最佳的结合效果。

印刷型馆藏的布局主要由以下几方面的因素决定：第一，图书馆的任务和读者需求，不同类型的图书馆所担负的服务任务不同，读者的需求特点和规律不同，按需设置，区别服务，是馆藏布局的一个重要出发点。第二，印刷型馆藏信息资源的数量、质量和学科、等级、文种、时间及印刷型信息资源类型的供求状况，决定了馆藏布局的结构、功能和规模。第三，人力、物力、财力条件及图书馆建筑格局。印刷型馆藏布局的规模、藏书点的多寡，必然受到图书馆人员、馆舍、设备、资金等物质条件的制约，此外，图书馆的建筑格局客观上也制约着印刷型馆藏布局。比如，书库空间狭小则限制了印刷型馆藏信息资源的借阅一体化布局，制约了图书馆构建大空间的印刷型信息资源收藏与利用模式的发展。

因此，印刷型馆藏的布局要综合考虑以上制约因素，要通过科学的组织与规划，使印刷型馆藏信息资源在客观条件许可的情况下发挥最大的作用。

一个理想的印刷型馆藏布局体系，应满足以下要求：有利于提高印刷型馆藏资源利用率，充分发挥印刷型馆藏信息资源的效益；有利于满足不同读者的需要，提高图书馆服务工作的效率；有利于充分利用图书馆的有效面积，节约书库和阅览室的空间；有利于印刷型馆藏资源的馆内流动，并与图书馆其他资源利用相协调；有利于图书馆工作人员熟悉和研究印刷型馆藏，便于方便灵活、周到迅速地服务读者；有利于各种资料的保管，避免丢失和损坏，延长保护寿命。

印刷型馆藏布局的方式有很多，它们从不同方面、不同程度上体现了信息资源布局的要求。

一是展开式水平布局。这种布局形式的书库、阅览室、借书室都处于同一平面，利于读者的查找和信息利用，能够提升馆藏利用效率。不足在于占据的空间范围大，印刷型文献传递路程长，限制了自动化传递装置的使用；书库的建筑造价高，不利于资料的保管。

二是塔式垂直布局。这种布局的优点在于藏书可以在最小的空间范围内得到最大程度的集中，保证了藏书的安全，同时缩短读者与藏书之间的距离。不足在于每层都需要配置图书管理员，或者每名管理员需要同时兼顾好几层书库，增加了管理员的负担，降低了服务效率。此外，这种书库大都安装了全自动或半自动的运输设备和联系设施，所占空间大，成本过高。

三是立体交叉式混合布局。这种布局是对不同的印刷型文献采用不同的布局形式，常用书尽可能放在与阅览室处于同一平面的书库，方便读者拿取；不常用图书放在书库中不与阅览室相连的垂直位置上，形成立体的交叉布局。一般来说，藏书规模在10万册以下的小型图书馆通常采用水平布局，使图书的采、分、编、典、流形成一个直接的平面的工作流程；10万册以上的中型图书馆则应有单独的书库建筑，藏书布局以一两种方式并用；对于100万册以上的大型图书馆，一般建立塔式书库，藏书采用立体交叉式布局。

四是三线典藏制布局。这种布局按照印刷型馆藏信息资源的利用率及新旧程度，结合服务方式，将馆藏资源依次划分为三个层次，组成一、二、三线布局体制。一线书库布局特征是提供利用率最高、针对性最强、最新出版的印刷型信息资源，供读者开架借阅；二线书库的布局特征是提供利用率较高、参考性较强、近期出版的印刷型信息资源，可根据情况供读者开架借阅或查询目录借阅；三线书库的布局特征是集中收藏利用率低的、过期失效的以及内部备查参考的印刷型信息资源。这种布局方式使印刷型馆藏信息资源得到充分的利用，因而是一种科学合理的印刷型馆藏信息资源布局方式。

五是藏借阅一体化布局。这种布局是一种全开架布局，它利用计算机技术、通信技术、网络技术等信息技术，采用统一管理方式，即大开间、少间隔的建筑格局，各处设有桌椅，方便读者就近阅览。这种布局的优点在于，提高印刷型馆藏信息的利用率；减少复本，节约购书经费；节约人力资源，提高服务质量。

（二）印制型馆藏的排架

印刷型馆藏排架，就是将印刷型馆藏信息资源有序地陈放在书架上，并形成一定的检索体系，使每一种印刷型信息资源在书库及书架中都有固定的位置，便于图书馆员及读者准确地取书与归架。

印刷型馆藏排架是为了便于藏书的检索利用。为了达到检索利用的最佳效果，对藏书排架有以下几个方面的要求：利于提高检索效率，取书、归架迅速简便，节省时间和体力；建立实用的排列系统，便于馆员直接在书架上熟悉和研究馆藏，也便于读者选择和使用藏书；建立准确清晰的排架标识，尽量减少误差；充分利用书库空间，节约书库面积，减少倒架的麻烦；有利于对藏书进行管理，便于藏书清点和剔除。

按出版物的特征标识，印刷型馆藏排架方法可分为两大类型：第一类是内容排架法，以出版物的内容特征为标识，包括分类排架、专题排架；其中分类排架是主要排架法；第二类是形式排架法，以出版物的形式特征为标识，包括字顺排架、固定排架、登记号排架以及文别排架、年代排架、书型排架等。

分类排架法：即按照印刷型信息资源本身所属的学科体系来排列藏书，分类排架号由分类号和辅助代表同类图书的区分号组成。分类排架先按分类号顺序排列，分类号相同，再按区分号排列，一直区分到各类图书的不同品种。

专题排架法：也是一种按出版物的内容特征排列藏书的方法。它是将出版物根据一定专题范围集中起来，向读者宣传推荐，带有专架陈列、专架展览性质。专题范围与分类范围不同，分类是纵向层次展开，专题则是横向范围的集中，它打破了科学隶属界限，将分散在各个小类甚至大类下的同一专题的出版物集中在一起，提供给对某一专题内容感兴趣的读者。专题排架法机动灵活，适应性强，通常用在外借处、阅览室及开架书库，用来宣传某一专题、某一体裁的新书。但是，它是一种辅助性内容排架法，不能按它排列所有的藏书，只能排列部分藏书。

登记号排架法：主要按图书馆为每一本书刊编制的个别登记的顺序排列藏书。这些登记号只反映出版的先后顺序或入藏的先后顺序，而不管它们的内容归属。按个别登记号排列出版物，简单清楚，一书一号，方便取书、归架、清点，但不能反映出版物的内容范围，不便直接在书架上检索利用。

固定排架法：即按照出版物的固定编号排架。图书馆给每本书刊按入藏先后编制一个固定的排架号，这个固定排架号由四组号码组成：库室号、书架号、层格号、书位号。固定排架的优点是：号码单一、位置固定、易记易排、节省空间，不会产生倒架现象。缺点是：同类同复本书不能集中在一起，不便直接在书架上熟悉、研究与检索藏书。我国国家版本图书馆，即采用固定排架法，密集排列各种长期保存的样本书。

字顺排架法：是一种依据一定的检字方法，按照出版物的书名或著者名称的字顺排列藏书的方式。中文书刊通常采用四角号码法、笔画笔形法、汉语拼音字母来确定排架顺序。外文期刊及连续出版物，按刊名字母顺序排列。作为一种辅助性方法，它经常同分类排架法结合，形成分类字顺排架法。尤其是用分类著者排架法排列中外文普通图书，可以使同个著者同复本的书集中在一起，便于读者检索使用。

年代排架法：指按出版物本身的出版年代顺序排列藏书的方法。这是一种辅助性组配排架法，特别适用于排列过期报纸杂志合订本及其他有年代标志的连续出版物。

文种排架法：即按出版物本身的语言文字类别排列各种外文文献。这是又一种辅助性组配排架法。文种排架号通常由两组或两组以上的号码组成：文种号、分类号、著者号，或文种号、年代号、字顺号等。

书型排架法：即按出版物的外形特征，分别排列特体规格或特殊装帧的书刊资料，也是一种辅助性组配排架法。这种排架法可以将不同类型、不同规格的出版物区别开来，并用不同的字母标示特殊类型、特殊规格的出版物。

五、印刷型馆藏的管理

印刷型馆藏的管理就是将已经采访的印刷型信息资源，按照一定的要求，进行登记、编目、典藏、流通、调配和保护等工作的过程。目的在于保持印刷型馆藏信息资源处于良好的工作状态，充分有效地为读者所利用，长期完整地保存下去。

（一）印刷型馆藏的登记

印刷型信息资源的登记是印刷型馆藏管理的第一步。对采访到馆的印刷型信息资源以及印刷型信息资源收藏的变化情况（如遗失、剔除、寄存等）进行准确记录的工作，称为印刷型馆藏登记。馆藏登记可以了解和掌握全馆印刷型馆藏信息资源发展的总动态，有利于掌握和了解馆藏、文献清点、文献保管等工作；统计分析各类印刷型信息资源发展变化的数量比例，检查书刊经费的分配使用情况，为制定、修改馆藏补充计划和馆藏发展规划提供精确的统计资料及可靠的依据，同时也可以了解具体到某一册文献的细节信息。凡是到馆的印刷型信息资源，无论是购买的、赠送的、呈缴的，还是通过其他方式到馆的，都要进行登录，同时对于遗失、损毁、剔除的印刷型资源也必须予以注销登记。馆藏登记的基本要求是：完整、准确、及时、一致。登记财产账目记录的印刷型信息资源数量要与实际馆藏印刷型信息资源数量相符合。通常情况下，登记的内容包括登记日期、登记批次号、印刷型文献来源、文献种数册数、单册价格、本批次文献价格、文献登记号、本批次起止登记号、登记验收的MACR数据等。

（二）印刷型馆藏的编目

印刷型馆藏的编目实质就是对文献进行编目并于完成后进行编目组织。所谓文献编目是按照特定的规则和方法，对文献进行著录，制成款目并通过字顺和分类等途径组织成目录或其他类似检索工具的活动过程。主要作用是记录某一空间、时间、学科或主题范围的文献，使之有序化，从而达到宣传报道、检索利用和管理文献的目的。

文献编目工作，必须事先确定和准备好所要采用的著录规则（编目条例）、分类法、主题词表、著者号码表、分类规则、主题标引规则以及目录组织规则等。在著录规则、分类法和主题词表方面，中国图书馆界目前普遍采用的是国家标准《文献著录总则》及各分则、《中国图书馆分类法》《中国科学院图书馆图书分类法》《汉语主题词表》。此外，还应配备常用的专业参考工具书。

（三）印刷型馆藏的典藏

印刷型馆藏典藏就是将已分类、编目、加工和整理好的文献，按照一定的馆藏分布原则进行科学合理的保存和管理。它作为图书馆馆藏建设工作中的一个重要环节，能使馆藏与读者需求在最恰当的地方相互沟通，并达到结构的合理化、布局的实用化、保管的科学化及利用的最佳化。

印刷型馆藏典藏具有以下三方面的作用。

第一，有利于实现馆藏资源的调配。图书馆典藏工作在验收图书后，根据图书的采购数量、类型以及读者的阅读需求对各库（如社会科学库、自然科学库、工具书库、外文书库、特色库）图书的设置进行调配，以保证图书"藏"与"用"的合理比例。因此，典藏部门通过对图书的合理调配，有效地提高了图书馆图书资源的使用效率。

第二，有利于实现馆藏管理的反馈。图书馆的采访人员要依据图书的藏书数量、各类图书借阅率等信息进行图书采购，而典藏部门的统计数据恰好可以为采购工作提供完整的采购反馈信息，使图书提供与读者阅读需求的契合度更高。因此，图书馆典藏统计数据对于采购工作的信息反馈非常重要，管理者要想实现图书馆馆藏科学、可持续发展，就必须给予典藏统计数据足够的重视。

第三，有利于馆藏资源的清点和剔除。图书馆印刷型馆藏信息时效性都很强，因此，为了提高资源典藏质量和利用率，同时也囿于馆藏规模，需要定期对印刷型馆藏资源进行清点和剔除，以实现馆藏资源的"新陈代谢"。

六、印刷型馆藏信息资源的保护

为了更好地对印刷型馆藏信息资源进行保护，图书馆应采取系统的安全保护措施，以预防为主，最大限度地改善印刷型馆藏信息资源保存的条件，消除导致印刷型馆藏信息资源损失变质的各种隐患。就一般图书馆而言，印刷型馆藏信息资源的保护要注意温湿度控制、防火、防光、防虫、防霉、防鼠、防破损等。

第一，加强教育。加强工作人员自身的职业道德教育；加强对读者的道德素质教育；建立健全赔偿、惩罚制度；安装自动防盗报警系统。

第二，温湿度控制。控制温度最有效的方法就是采用空调设备，另外还可以采取在书库建筑上设置隔热层、书库外植物绿化等方法。通风也是调节书库温湿度的一种简便易行的措施，还有安放干燥剂吸潮等办法。

第三，防尘与防菌。书库、阅览室内应保持通风，使室内外空气得到流通；要经常进行卫生清洁，清除灰尘；控制书库温湿度；利用甲醛等物质消毒灭菌。

第四，防虫防鼠。书库内要经常通风并采取防尘、防潮措施，消除虫、鼠滋生繁殖的条件；堵塞书库的各种漏洞、墙缝，放置杀虫、灭鼠的药物。用化学药物熏蒸法、低温法、缺氧法、射线辐照法、诱捕诱杀法等方法消灭虫害、鼠害。

第五，防火防涝。采取一切有效措施，防止火灾的发生；图书馆内禁止吸烟；严禁携带易燃易爆物品入馆；定期检查电路及电气设备是否完好；定期检查灭火器材是否有效；最好安装自动火灾探测报警系统。印刷型馆藏信息资源最怕水浸，要注意防涝；书库尽可能建造在地势较高处；平时要注意防漏。

第六，装订修补。及时裱糊、修补磨损、撕页或脱线的书刊；期刊、报纸及时装订成册。

第七，缩微复制。对于珍贵的文献资料进行缩微复制，备份保存。

第三节　数字馆藏的组织管理

数字馆藏又叫数字化馆藏、电子馆藏，是图书馆馆藏中以数字形式保存的、借助于计算机网络可以利用的（如仅有网络使用权的外文数据库，以及其他形式的虚拟馆藏）那部分信息资源的集合。具体地说，它是图书馆馆藏中必须借助计算机等信息设备进行管理和利用的数字资源的总和。数字馆藏已经成为现代图书馆馆藏中占比越来越大的重要资源。

从形成方式来看，数字馆藏主要有三种类型：一是购入，主要包括图书馆签约付费后获得使用权的电子图书、电子期刊、镜像版数据库，也包括购买后拥有所有权的光盘资料和视听资料等；二是开发利用网络资源形成的虚拟馆藏，这类馆藏是按照特定需求而搜集的相关度很高的文件、网页等数字形态的资源，既可以下载到本地存放，也可以分散在网络的各个节点上，它仅仅是由链接集成在本地形成的资源导航体系；三是根据图书馆的服务任务和服务对象的需要，建立起来的与教学科研需要或者与本地区域经济文化发展需求相适应的特色数据库和数字内容管理系统。

一、数字馆藏的特点

数字馆藏不仅在存放形式上有别于印刷型馆藏，而且其高度的共享性和不受时间、地点限制的服务能力，使得人们逐渐重视数字馆藏的建设和发展。概括地说，数字馆藏的特点主要有以下七个方面。

第一，高度的共享性。一份数字馆藏，如一种期刊或一个数据库，借助计算机网络可以同时供多个地区的读者利用。

第二，占用馆舍空间小，易于计算机操作。

第三，开放时间长，服务范围大，不受图书馆作息时间的限制，不受地域限制。

第四，对设备的依赖性强。数字馆藏必须借助一定的信息技术设备才能被有效地利用，如光盘塔、光盘库、光盘镜像服务器、磁盘库、磁盘阵列和服务器等。

第五，对环境的要求高。这主要是指存储数字信息的存储设备、服务器和网络设备对环境的要求，如温度、湿度、防尘、防静电等。

第六，易受损害。有两方面的含义，一是数字馆藏易受病毒等的感染而不能正常使用；二是存储设备（如磁盘、光盘等）的损坏会导致数据的丢失。

第七，管理难度大。虽然数字馆藏可以依赖计算机进行自动管理，但由于构成数字馆藏的数字信息资源的知识产权问题、存储设备的更新换代问题、阅读有关资源的软件升级问题，以及数字馆藏的不定期迁移问题等涉及的因素太多，管理难度很大。

二、数字馆藏组织的含义和内容

数字馆藏组织，是指依据数字信息资源的固有特征，运用一定的方法和技术，对数字信息资源进行揭示和描述并提供有序化结构的过程。数字信息资源的特征包括外部特征和内容特征。数字信息资源的外部特征一般是指信息载体的物理形态、题名、责任者、出版事项等。在信息组织中，记录信息外部特征称为描述，即根据特定的信息管理规则和技术标准，将存在于某一物理载体上的信息的外在特征进行选择和记录的过程。在信息组织中，对信息的内容特征进行的加工和整序称为揭示或标引，是在分析信息内容的基础上根据特定的标引规则与工具，赋予信息内容一定标识，以便将信息记录组成概念标识系统的信息处理过程。

从形式上看，数字信息资源组织与印刷型信息资源组织并无太大区别，但是，两者基本内容存在一定区别。数字信息资源组织内容包括优化选择、描述与揭示、确定标识和整理存储。

（一）优化选择

选择是数字信息资源组织的第一步。数字信息浩如烟海、优劣杂糅、真伪混同。所谓选择是在浩瀚的信息海洋里发现并确认具有组织、整理和保存价值的信息。从信息管理的角度来看，信息资源选择是根据用户的需要，从纷繁复杂的信息中把符合既定标准的那部分信息挑选出来的活动，是以选择主体对数字信息资源现象的认识为前提的，是人的主观认识与客观现实的相互作用。为对数字信息资源进行整理，提高信息质量，并控制信息的流量流速，就必须进行优化选择。

（二）描述与揭示

描述与揭示是数字信息资源组织的重要内容，在数字信息资源组织中起着至关重要的作用。一般而言，对数字信息资源组织形式特征进行描述的过程称为著录。这个过程如同传统文献编目工作，要按照一定的逻辑以一定的格式形成款目。对数字信息资源内容特征的揭示称为标引，是数字信息资源组织的专业化工作，是在分析信息内容属性及相关形式属性的基础上，用特定的检索语言（如分类语言、主题语言）表达分析出属性和特征，并赋予信息检索标识的过程。标引是一项传统图书馆的信息组织工作，对于数字信息资源组织来说，同样适用。

（三）确定标识

确定标识是以简练的形式表征的信息特征，目的是区分和辨识信息，作为有序存储和检索信息的依据。无检索标识的信息，不能形成检索系统，也不能有效地进行检索。与传统的印刷型信息不同，数字化信息更为复杂，其利用和处理需要依赖一定的格式和环境，而且，在数据层面上，数字化信息还可以与另一个信息单元相联系，形成一种网状结构。在网络环境下，数字信息处于一种无序状态，是一种动态信息，因此，确定数字信息资源的标识，对于建立一个有序的数字化信息资源保障体系十分重要。

（四）整理存储

对给定检索标识的数字信息进行整理，将内容相同的集中在一起，不同的区别开来，组织成为一个条理清晰、层次分明的信息系统之后，还应将这些信息按照一定的格式和顺序存储在特定的载体中，如各种光盘检索系统、联机检索系统、数据库、学科信息门户、网络检索工具等都是数字信息存储的载体。利用新型载体存储数字化信息，可增强数字信息资源的可控性、有序性和易用性，为高效率地利用数字信息资源提供条件。

三、数字馆藏组织的标准

数字信息是一种以数字代码的方式将图、文、声、像等信息存储在磁、光等介质上的信息，数字信息资源组织体系的建立，需要遵循有关信息加工、描述等方面的标准，数字信息资源组织的标准主要包括数据标记格式标准和信息资源描述标准两种。数据标记格式标准是对数字化信息的基本结构描述，它可以实现不同计算机系统间交换数据；信息资源描述标准可以实现用户和系统以及系统与系统之间的有效沟通。

（一）数据标记格式标准

数据标记格式标准是对不同类型的数字文件的格式进行限定，便于不同计算机系统间交换数据的标准，包括页面著录标准、图形格式标准、结构信息标准、移动图像与音频格式标准等。其中超文本标记语言、通用标记语言与可扩展标记语言是用于数字信息资源组织方面的结构信息数据格式标准的典型，它们是人工可读格式文献与数据库信息的超文本的标记语言。

（二）信息资源描述标准

信息资源的规范化描述是通过元数据规范和著录规范控制的，即在数据库中以字段的方式对数字信息资源的各种属性进行描述，如题名、作者等，这些描述信息是读者评判某一数字信息资源的依据、访问所选择站点的入口，也是导航系统检索的基石。元数据是对数据进行组织和处理的基础，是用来描述数字化信息资源并确保这些数字化信息资源能够被计算机自动辨析、分解、提取和分析归纳的一种框架或一套编码体系。在信息资源组织中，就元数据的功能而言，它具有定位、描述、搜索、评估和选择等功能，其中最基本的功能在于为信息对象提供描述信息。

所有信息资源的属性都可以使用特定团体或相关元数据方案进行描述，为了规范对信息资源的描述，国际上从事信息与文献工作的标准化组织和相关机构曾制定过多种标准、规则，包括书目及通用元数据方案和专业领域元数据方案。

四、数字馆藏组织的方式

数字信息资源组织的方式是指人们利用现代技术，结合数字信息资源的特点，对其进行加工、整理、排列、组合，使之有序化、系统化后所呈现给用户的结构方式和表现形式。这种结构方式和表现形式，随着信息技术的进步、用户需求的变化而不断创新。到目前为止，已产生多种组织方式。根据组织方式的特点，可以将数字信息资源划分为微观信息组织模式、中观信息组织模式和宏观信息组织模式三种类型。其中，数字信息资源组织的微观模式包括文件方式、自由文本方式、超媒体方式和主页、页面方式；数字信息资源组织的中观模式包括搜索引擎方式、主题树方式（目录指南方式）和指示数据库方式；数字信息资源的宏观模式有学科信息门户模式和信息重组模式。网络环境下，用于组织数字信息资源的常用方式主要有文件方式、超媒体方式、

101

搜索引擎方式、主题树方式、数据库方式和学科信息门户方式。

五、数字馆藏组织的方法

实际上，数字信息资源组织的方式是一种模式，它所讨论的是数字信息资源组织的一种标准形式，或是在人们组织数字信息资源时可以照着做的标准样式，如以上列举的文件方式、超媒体方式、主题树方式和数据库方式等，就是数字环境下信息资源组织的几种常用的方式；而数字信息资源组织的方法研究的则是信息资源的组织途径及如何揭示信息源，是建立信息检索系统的基础。

（一）分类法

分类就是以事物的性质、特点、用途等作为区分的标准，将符合同一标准的事物聚类，不同的则分开的一种认识事物的方法。分类法是指将类或组按照相互间的关系，组成系统化的结构，并体现为许多类目按照一定原则和关系组织起来的体系表，作为分类工作的依据和工具。在网络环境下，分类法的优势在于通过建立一个共有的概念性的上下文关系，超越不同的信息存储，形成一种凝聚力，提供按等级体系的浏览检索方式。目前，运用分类方法组织数字馆藏主要有以下几种形式。

1. 文献分类法

在联机系统中，电子分类法的应用不仅便于浏览，还能实现字顺检索，只要类名较为规范化、注释较为充分和详细，按主题或事物名称进行跨类多途径检索的功能就很容易实现，成为分类检索的重要补充。

2. 参考文献分类法

这种分类法是面向一切网络信息的，它是根据搜索引擎或网站性质，搜索和收录重点设计分类大纲，将网站上的网页归到相应的类目体系中，类目可以按等级体系的方式浏览。

3. 人工神经网络（ANN）

人工神经网络（ANN）是根据人类的生物神经系统结构设计的计算机系统，应用范围很广，在信息组织领域，它可以用于自动分类，在主题及主题词关系可视化显示方面的发展潜力不可估量。

（二）主题法

按照表达主题概念的语词标识的构成原理和特征划分，主题法一般分为标题法、单元词法、叙词法和关键词法。在网络环境下，用于组织数字信息资源的主要是关键词法和叙词法。

（三）本体

本体的概念源于哲学，即对世界上客观存在物质的系统描述，一般译作本体论。本体的目标是捕获相关领域的知识，提供对该领域知识的共同理解，确定该领域内共同认可的词汇和术语，从不同层次的形式化模式给出这些词汇和词汇间相互关系的明确定义，通过概念之间的关系描述概念的语义。应用本体可以很好地对信息语义关系进行分析。从某种意义来讲，本体同叙词表一样是一种控制词表，是一种知识组织工具。事实上，本体的应用范围远比叙词表广泛，信息组织与检索只不过是它的一个适宜应用的领域而已。数字图书馆是本体的重要应用领域，在处理信息组织、检索信息和异构信息系统的互操作方面具有重要的作用。

（四）主题图法

主题图是一种新型的数字化信息组织方法，使用这个方法可以提供最佳的信息资源导航。在信息管理领域，主题图运用十分广泛，如在叙词表的编制和应用、网络教学的教育信息资源组织与导航、电子商务、门户网站、科研助理和知识交流共享等方面都有较高的应用价值。可以预见，随着信息技术的不断发展，主题图方法将在数字化信息资源组织和知识表示方面发挥更大的作用。

六、数字馆藏管理的含义

数字馆藏不同于传统的印刷型馆藏，由于存放载体形式和服务要求的不同，在采集、组织、存储、维护、保护、协调等方面都具有显著的特征。

第一，需要专用的、可扩展空间的、相对稳定的信息存储设备，同时要求存储设备具有可置换功能和保证资源安全的性能。

第二，各类型数字馆藏运用的系统平台多种多样，导致格式千差万别，仅就单个数据库进行检索，已经远远不能满足用户的要求，需要按照一定的标准进行数据、功能的整合，实现对资源的内容管理。

第三，需要制作思路清晰、结构合理、界面友好的智能检索型网站或数字图书馆平台，将馆藏有效地组织起来供读者和用户使用。

第四，数字资源的管理有很高的技术要求，网络系统的架构、特定存储设备与管理软件的使用方法、数字资源安全的维护等都对管理员提出了较高的要求。

综上所述，数字馆藏的管理主要有四个层面的含义：选择什么样的模式存放数据；选择什么样的方式组织信息；选择什么样的策略供读者访问；选择什么样的思路保证馆藏的可持续发展。

数字馆藏的管理对图书馆来说是一项富有挑战性的工作，当前不仅没有足够的可供参考的理论依据，而且随着信息技术的发展，许多不确定因素的影响也将逐渐显露出来，像数字馆藏的利用、支配、更新、修改的手段常常跟不上技术的快速发展，不断"膨胀"的数字馆藏量导致存储设备无法固定，引发数字资源的"迁移"等问题。使用何种标准进行资源组织以及将内容反映到何种深度等，都亟待图书馆管理者进一步提高认识、摸清规律。

七、数字馆藏的长期保存与维护

数字信息资源的长期保存与维护应包括对数字信息资源的安全存储及数字信息资源的元数据管理和永久获取，即包括长期保存和提供检索与利用两大方面，因为保存是为了利用，数字信息资源的价值就体现在共享度和重复使用率这两个重要指标上。

（一）数字馆藏长期保存与维护的必要性

1. 数字信息资源是重要的数字资产

随着数字技术的不断发展，信息的生产、存储和传递的方式发生了革命性的变化。数字信息资源已经成为研究（特别是科技研究）和教育活动的主要信息源。越来越多的学术交流活动、智力劳动成果以数字化形式或仅以数字化形式展现，越来越多的有价值的信息内容只能以数字形式来管理、保存、使用。

数字信息资源作为信息资源的重要组成部分，越来越受到各国政府与图书馆界的重视，在有些国家甚至被置于国家战略资源的高度，被誉为国家的"数字资产"，是学术研究信息的数字存档。一个国家科技创新能力以及与此相关的国际竞争力，都依赖快速、有效开发与利用数字信息资源的能力。

2. 数字信息资源具有脆弱的特性

第一，数字信息资源比物理信息资源更脆弱。在许多情况下，数字资源文档本身更容易被毁坏，或者它们存储的载体更容易被淘汰。

第二，原生数字信息资源面临着更大的消失和不可控风险。根据产生的形态，数字信息资源可以分为数字再造资源和原生数字资源。数字再造资源是对以前存在的物体进行数字化再造，形成"数字拷贝"，利用数字化的特长将原物更好地展现和利用。"原生数字资源"没有其他的存储形式，一旦破坏就永远丢失，因为通常没有单独制造出数字格式资料的模拟（物理）材料版本，所以面临的消失和不可控风险更大。

第三，数字信息资源的长期可获得性面临许多威胁。数字资源长期可获得性的威胁因素包括技术、法律、金融、组织等。数字信息的长期可获得性不仅仅是图书馆的问题、技术问题、经费问题或某个机构的问题，也不是某一研究机构、教育机构、文化机构的问题，它是从事知识创造、加工、管理的一个专业化问题，目的是让我们的下一代更好地获得信息。它同时是一个发展的问题，可以保障我们创造的知识被用来促进发展。它甚至是我们政府的一个政治问题，需要政府保护我们的知识资产，这些知识资产大部分是由公共资金资助产生的。数字化信息的这种基础性、普遍性、长期保存的特点，已经远远超出单个或某些机构的能力范围。因此，数字信息的保存十分迫切，很多国家已认识到保存数字信息资源的紧迫性，并制定了相应的法律法规保障其顺利进行。

3.有利于将珍贵的数字信息资源投入使用

保存的目的是使用，一方面可以将散落的、具有特色的文献聚集起来进行数字化转化，更好地保存和利用；另一方面可以将珍贵的、具有特色的原生数字资源加以保存、保护，以便长期存取和利用。

4.数字信息保存已经引起国际关注

为应对数字资源长期保存带来的挑战，欧美等发达国家的图书馆和相关联盟正在大力开展研究和试验。我国相关政府部门、图书馆界等都已经意识到科技文献和科技信息长期保存中存在的危机，并已经在科技部的支持下开始建立数字化资源长期保存网络的尝试，并逐步组织国内主要科技信息机构联合建立数字资源的长期保存机制，联合开发和试验长期保存系统。

（二）数字馆藏长期保存与维护的特性

1.数字信息对存储介质的依赖性

由于数字信息从形式、传输到存储都是通过计算机实现的，因此数字信息需要依托于一定的存储介质而存在，它对数字信息能够起到的主要作用有：保存数字信息；利用备份保存数字信息；以自身为媒介便于数字信息的使用等。离开存储介质及计算机的软硬件平台，数字信息既看不见也摸不着，这就决定了数字信息对存储介质的依赖性。这一特性给数字信息的长期保存带来许多问题，如存储介质发生故障、系统瘫痪，数字信息就读不出来；数字信息对其他设备环境的不兼容性，使其只能在某种设备上处理，而不能在其他设备上处理；不同软件环境形成的电子文件存储在载体上，有时难以互换；技术设备更新时，不及时解决格式转换问题便无法读取等。数字信息对存储介质的依赖性还带来了一系列的存取问题，如双重性问题、隐蔽性问题和完整性问题等。

2. 数字信息的动态性

数字信息不像贮存于传统的印刷型文献或缩微文献的信息那样固定不变，它处于动态中，随时更迭。它可以完美地被复制，也可以不留痕迹地被篡改或删除，特别是在互联网环境中，这种修改和删除的可能更是难以防范。以下几种情况是会经常出现的。

第一，用户通过计算机屏幕看到的文章和原文不完全相同。可能是被人修改过了，也可能是其他原因，信息有所丢失。

第二，网络信息一直处于动态的过程中，信息的数量不停变化，很多有价值的信息在下载之前就已经消失了。

第三，联机的计算机系统和数据库处于完全开放和动态的状况，很可能会因为黑客的攻击、病毒的侵害、证件设备的出错甚至瘫痪、操作的失误等而丢失信息。

3. 数字信息的脆弱性

如前所述，数字信息比物理信息更为脆弱，因为数据是数字信息的代码，是数字信息存在的前提，没有了数据，数字信息是无法再现的，然而数据是脆弱的。根据 West World 公司的研究报告显示，每 500 个数据中心就有一个每年都要经历一次灾难。由于病毒、黑客、存储介质故障、误操作等各种意外情况，重要数据被破坏的现象层出不穷，损失巨大。数据被破坏或是数据损失被称为数据丢失，在这些丢失的数据中，有一类是用户无法接触或找到数据，但数据尚存；另一类是数据永久性损坏。前一类有可能通过专业的数据修复技术找回，后一类数据的丢失则是无法修复的。

4. 数字信息的不安全性

随着全球网络化的不断发展，数字信息面临的网络安全问题日益突出，可以说网络的不安全性已成为限制其发展的最大障碍。较多信息资源产生以后，由于多渠道、多媒体交叉进行无序传递，信息失控，造成了严重的泄密和知识产权保护问题；又由于信息技术的高度发展，人们可以很容易复制任何信息产品，产生了计算机病毒泛滥、信息失真等一连串恶果。数字信息面临的这些不安全因素，要求我们在制定保存策略时不仅要从工程技术方面出发，而且还要在政府和社会行为上采取有力措施。

5. 数字信息对元数据的依赖性

如前所述，元数据可以用来揭示各类型数字信息的内容和其他特性，进而达到对数字对象进行组织、分类、索引等目的，它所包含的数据元素集用来描述一个信息对象的内容和位置，以便能在数字资源集合中方便地查找和检索。数字信息的元数据必须特意附在数据信息中，否则将无法恢复数字信息的原貌。数字信息的运作往往是在网络上进行，操作者互不见面，体现行政背景的元数据就不完整详细，如果后续没有特意补充，就可能给数字信息的保管和长期保存带来问题。

6. 数字信息对标准化的依赖性

在数字信息的形成和管理过程中遵守相关标准，有助于完整地保存数字信息。标准不仅有利于数字信息的科学管理，同时，遵守与使用标准还便于数字信息随技术的发展在新旧数字平台间转换，这将直接降低保存数字信息的费用。在存储与存取数字信息等方面，也存在 ISO 标准，采用这些标准，有利于图书馆间的数据交换、图书馆信息系统的形成以及我国与国际图书馆网络的相互操作。

八、数字馆藏的安全管理

（一）数字馆藏安全管理面临的问题

随着数字馆藏资源的日益丰富、开放程度的不断提高以及资源共享的进一步加强，随之而来的信息安全管理问题也日益突出。数字馆藏安全管理的核心是数字馆藏信息的长期可靠存取。作为人类文明、文化遗产的重要部分，数字馆藏的长期可靠存取是保护人类文明与实现知识传递的重要基础与保障。数字馆藏长期可靠存取的基本条件包括：数字馆藏存取系统应具有完备的处理各种文本、数据、图表、音像和多媒体的能力；数字馆藏载体应具有稳定可靠的存储寿命；拥有可靠的、能覆盖所有数字馆藏格式的格式转换及迁移技术；具备较强的抗灾害能力。数字馆藏的存储载体、格式、软硬件中的任何一项出现问题，都将对数字馆藏的存取产生重大影响。目前，数字馆藏的长期可靠存取还面临着诸多问题。

1. 载体寿命问题

数字馆藏的长期可靠存取必须以各种类型的物理载体为对象。目前常用的载体包括软盘、磁带、CD-ROM 和 WORM 光盘等，使用寿命各不相同。传统的资源载体可以通过观察其物理表象等特征判断资源的保存与使用状态，然而软盘、磁带、光盘等载体，则需要借助一定的设备才能检查。与传统载体相比，数字资源载体体积小、容量大，但载体容易变质、损坏，易遭受毁灭性损失，且对存储环境的要求比较高。在大容量、高密度存储媒体不断被推出的情况下，存储媒体的不稳定性并没有很好被解决。因此，载体问题是数字馆藏长期保存需要直接面对的问题之一。

2.技术更新问题

相比载体寿命问题，更为迫切的是数字馆藏的读取、检索技术的落后问题。计算机存储技术与软件技术不断升级与优化，数字资源存取的软硬件也随之更新，必然导致原有数字资源存储与利用技术的淘汰。在技术与市场的推动下，记录与存储数字馆藏的设备与软件每3到4年就会完成一个更新周期。如何让数字资源安全地过渡到新的软硬件平台，是数字馆藏在发展中面临的又一难题。

3.数据格式问题

因制作商保护版权的需要，或制作时技术与条件的限制，目前的数字馆藏存在大量的不同格式，如 PDF 格式、SGML 格式、XML 格式、WDL 格式等，直接结果就是格式之间转换极为不便。为此，人们试图采用统一的标准格式，如 SGML（文本描述方法）、HTML（超文本组织语言）、TIFF（扫描图像格式）、MPEG（动态图像格式）等，但这些格式本身就面临被更新、被淘汰的境地，以至于无法实施。

4.安全防护问题

数字馆藏主要在网络上提供服务，网络环境的复杂性决定了网络安全的复杂性，因此与传统馆藏相比，数字馆藏显得较为脆弱，极易受到外力的干扰和破坏。计算机病毒、黑客入侵、磁场、电磁脉冲等对数字馆藏的破坏程度，类似于传统图书馆遭遇一场火灾或地震。数字馆藏一旦受到病毒侵蚀或黑客破坏，将可能在瞬间化为乌有。磁场可使电子图书不复存在，电磁脉冲对计算机系统更是具有强大的杀伤力，人为操作失误、保存环境变化、停电以及火灾、水灾、地震等自然灾害，都可能对数字馆藏造成无法挽回的损失。

（二）数字馆藏安全管理的策略

数字馆藏的安全管理策略就是图书馆在一定时期内为保障馆藏数字资源的安全所制定的安全管理措施，由于数字馆藏安全涉及数字资源的内容、管理与服务系统、存储设备等方面，所以，要在综合考虑管理、技术、设备和免疫等因素的基础上，制定安全管理策略。

1. 从思想上认识安全管理的重要性

图书馆必须充分认识到数字馆藏安全管理的重要性，从开始进行数字信息资源建设时就要制定数字馆藏安全管理制度，并对有关馆员进行培训，明确专职专人负责、定期检查维护是确保数字馆藏安全的重要保证。

2. 加强数字馆藏管理信息系统的运行管理

建立健全监控管理、事件管理、配置管理和变更管理等管理制度，解决信息技术管理中的信息不对称现象，逐步推行信息安全风险管理制度，完善信息系统风险识别、评估、分析和规避办法，制订信息安全风险应急管理计划。

3. 健全技术防范、预警和保障体系

认真研究有关信息安全的理论、标准和规范，充分研究并掌握包括入侵检测技术、防火墙技术、防病毒技术、加密技术、认证技术、电源保护技术、电磁信息防漏技术、存储备份技术、鉴别技术、安全软件工程、灾难备份及灾后恢复等在内的各项技术防范、预警和保障措施，确保各系统安全运行。同时，要根据基础设施、硬件系统、网络系统、操作系统、数据库系统和应用系统的分布和层次结构，安排不同特性的安全策略和措施，使这些策略和措施相互配合和补充，形成数字馆藏管理的整体安全防护体系。

4.免疫与灾难处理

免疫是预防措施，一般图书馆都能考虑到防范病毒和黑客的入侵，但对灾难处理常常不够重视。一旦出现灾难，就束手无策。尽管灾难处理是应急措施，但对保护数字资源也是至关重要的，在制定安全措施时应高度重视。

第三章

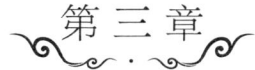

图书馆信息资源配置

第一节　理论发展

一、信息资源的概念

进入 21 世纪，人类在各个方面的发展更为迅速，尤其是电脑的使用和互联网的普及，改变了人们的生活和交往方式。虽然相隔千山万水，但通过电脑和互联网，人们的距离更近，全世界的物质流、资金流、技术流、人才流、信息流频繁交流融合，全球化使得四海变成一家。气候变化、资源短缺、恐怖主义等问题，也必须由全人类共同面对、共同承担。解决这些问题，关键是要依靠信息资源的开发利用和交流，因此必须达成共识，实行开放共享的发展理念。由此，如何开放人类共享的信息资源，优化配置现有信息资源，是摆在人类发展面前的共同问题。

信息资源是人类在长期生产和实践中积累并创造的知识信息的集合体。在信息资源中，相对于信息通道和信息制造者而言，信息内容是最重要和最本质的问题。信息内容是人类社会经济活动中经过选取、加工、组织、序化的有用信息；信息制造者是信息的生产者和提供者；信息技术和设施是加工、处理和传递有用信息的设备和技术。

如上所述，信息资源有三大要素，分别是信息内容、信息制造者、信息技术和设施。将这三大要素按一定的原则加以配置，组成一个信息系统，信息资源才能更好地发挥作用。除此之外，任何一个要素都不可能单独发挥作用，而信息资源价值的大小又在很大程度上取决于上述三要素的配置方式和配置效率。随着互联网技术的不断发展和进步，人们更加依赖信息资源的合理搭配，只有根据一定的原则和机制，合理科学地配置信息资源，才能最大程度地开发和利用好信息资源。

具体到现代意义上的图书馆信息资源配置，必须多方面考虑信息资源的特征和作用，了解信息资源配置的原则和机制。现代图书馆的使命就是聚焦信息社会带来的巨量信息资源的取舍、序化、组织、提取及供给问题。

二、信息资源的特征

信息资源相对于物质资源有其独特性，结合信息资源的概念，信息资源具有如下特征。

第一，收集扩充性。自然资源是独立于人类而客观存在的，是一种无形的物质存在，具有一定的客观性，不以人的意志为转移。随着现代化技术的发展和互联网的普及，人类获取信息及组织、制造、传播信息变得更为方便。我们可以根据主观需求，有目的、有计划地系统收集信息，不断扩充其数量，对社会上广泛分布的信息媒体进行聚集、整序、布局、优化，使其最终成为信息资源，为社会带来更大的效益。

第二，再生积累性。自然资源的消耗是不可逆的，但信息资源具有再生积累性，可以随着人们对它的开发利用不断增值，而且还会带来信息数量的指数式增加和质量的提高。信息资源被利用得越充分，新的信息就越快产生，这些新信息反过来又进一步丰富了信息资源。

第三，时效动态性。任何信息都有一定的时效，随着时间的推移，一些信息资源会失去利用价值。因此，信息资源也是有生命周期的。新的信息不断增加，旧的失效信息不断被淘汰或者被新的信息替代，这样一种动态的变化，使信息资源的时效动态性更突出、更剧烈。时效动态特征是使信息资源保持利用价值的重要方式。

第四，开发共享性。信息资源的价值是潜在的，需要一定条件和因素的激发，只有开发利用之后，信息资源的后续价值才能得到体现。同时，信息资源不是某个人或者某个集团的私有财产，只有分享信息资源，才能更好地利用它，真正发挥出它的巨大潜力和作用。共享性是信息资源的一种本质特征，信息资源在本质上由世界上所有人共同占有享用，是一种不具备排他性的公共产品，对信息资源的利用从理论上说应采取开放的态度。随着信息技术的发展，各种新媒体传播的信息，可以供世界范围的消费者共同使用，特别是互联网的迅速发展和普及，使信息的传送成本大大降低，信息共享性特征在互联网时代得到最充分的体现。

三、信息资源的地位

人类已经进入信息社会，我们生活在一个信息无处不在、无时不有的时代，随着科学技术成为第一生产力和信息时代的到来，信息资源已同能源、材料一样，成为人类社会发展不可或缺的资源要素。信息资源之所以能成为继能源、材料之后的第三大资源，成为无价的财富，主要是因为其中所蕴含的价值,能够帮助人类减少在社会生产和实践中的盲目性,帮助人们进行决策、提高效率。因此,信息资源在现代社会发挥着不可替代的巨大作用。

(一)为社会创造新的价值

信息资源已经成为现代社会工作的对象,是我们产业升级的重要目标。发达国家第三产业占的比重较高,就是因为他们所从事的工作更多是与信息资源打交道。信息资源已经渗透到商品的研发、生产、销售、服务的全过程,没有信息资源的参与,现代社会就无法发展。知识就是力量,全世界近50年产生的知识量,约占人类社会知识总量的90%。据推测,到2020年,人类知识总量为现在的3到4倍。到2050年,知识总量为现在的100倍。如此庞大、种类丰富并且增长迅速的信息,为人类信息的资源化提供了有力的保障和来源,成为人类社会创造新的价值和财富的可靠后盾。

世界各国都把信息资源作为未来社会发展的重要支撑,不断积累和加强掌握信息资源,增强未来的竞争实力。未来社会谁能掌握和利用更多的信息资源,谁就能在国际竞争中赢得主动。发达国家已经抓住这一机遇,迅速进入信息社会,他们纷纷制定信息开发和信息发展的产业计划和政策,凭借信息优势和有利地位,迅速占领了信息资源的制高点。在此基础上,我国提出:大力加强国家信息化建设,不断推进社会信息化水平,从而实现产业转型和升级,实现"互联网+"环境下的工业改造和升级,实现弯道超车和跨越式发展。"互联网+"环境下的工业升级改造正是利用网络信息资源优势,来促进工业2.0版的提升,为社会创造更多的财富。

第三章　图书馆信息资源配置

（二）服务于科学研究与技术开发的参考查新

科学研究和技术开发，都离不开前人的探索与总结，总是站在巨人的肩膀上前进的，而信息资源就是这个无所不能、无所不包的"巨人"。我们的科学研究和研发制造，都是在吸收前人取得的经验成果和教训的基础上改造和提高，我们需要获取和利用有价值的信息资源，激发灵感，开阔视野，完成科学研究和技术开发，生产出新知识、新理论、新技术和新产品。

人类不是凭空创造社会物质财富的，而是先要研究实施的可能性和可行性，在此基础上制定计划和各种战略措施。为了防止决策失误，实现科学决策，就必须利用信息资源进行分析评估，运用推理和逻辑判断的科学方法，做出科学的决策。评价新的理论和新的发明创造的价值，科学评估它的独特性和新颖性，也同样依靠信息资源的查新工作，依靠我们的信息资源所积累的数据库与新理论、新发明进行比对。

（三）国家文化软实力和国民素质的重要体现

信息资源的数量和质量决定着一个国家信息化程度的高低，也决定着一个国家的软实力强弱，同时也决定了一个国家的全民素质。因此，信息资源与国家的实力水平和民族素质息息相关，而民族素质的提高有赖于这个国家的教育程度。如今人们接受教育的普遍方式之一，就是利用信息资源。信息资源中包含着丰富的精神产品，人们可通过信息资源，学习到科学知识、优秀文化、社会哲理、道德风尚，并将其内化为精神动力，充实自我，从而提高自身的素质。我国已经是世界上国内生产总值（GDP）排名靠前的大国，是一个有全球影响的制造大国，但还不是一个创造大国、文化大国，也就是说我们虽然具备了一定的物质基础的硬实力,但信息资源的发展程度与发达国家相比还有巨大的差距,文化软实力还非常单薄,因此,必须加大力度,增强信息资源的保障能力,不断提高文化资源的影响力,不断提高国民素质和中国文化的软实力。

四、信息资源配置的含义与特性

信息资源配置是充分利用信息资源的关键步骤,是信息产业健康发展的关键,也是图书馆学和信息资源管理的重要研究课题,因此,明确信息资源配置的含义十分必要。图书馆信息资源配置,就是根据一定的目的需要,按照一定的原则,合理均衡地安排信息资源的过程。从内容上看,就是把有用的信息内容、信息设施、信息人员、信息系统、信息网络等资源在数量、时间、空间范围内进行有效匹配和重构。从空间上看,大到国家层面上的宏观配置,小到单个个体的资源配置,都需要合理布局、统筹规划。

信息资源的宏观配置一般要求合理安排信息资源的布局,从而最大限度地满足人类社会的多方面需求。宏观配置一般是由国家主导,制定应对政策,利用行政手段与行政机制,对信息资源配置予以指导性的规划布局和运用组合,实现国家信息资源配置的目标优化,满足整个社会不断增长的信息服务数量和质量的需要。微观上的信息资源配置是指一个地区或一个单位内部信息资源的配置,是对一定的信息资源在空间、时间、数量三个维度上的布局与组织管理,比如图书馆信息资源配置就是微观层面的。现代图书馆的信息资源配置应该遵循图书信息资源的内在规律,把握信息资源配置的动向,对信息资源合理选择和取舍，在空间、时间、数量三个维度上做好全面布局。

五、图书馆信息资源配置的特性

图书馆信息资源配置有其自身的特性，主要体现在以下几个方面。

第一，层次性。信息资源根据其传播载体和传播频次分为不同的层次，因而具有层次性。按不同性质的载体形式，可分为文献型、电子型、实物型等。从传播频度和加工过程上看，有一次信息、二次信息、三次信息；当然，图书馆的读者对象也是千差万别，由于读者文化结构、年龄结构、知识结构不同，他们对信息资源服务的要求也会不同，从而形成不同层次。

第二，动态性。信息资源的配置不是一成不变的，不可能期盼一次配置，终身受用。图书馆信息资源配置是随着信息资源的不断丰富和扩展而不断发生变化的。图书馆信息资源配置的动态性受信息资源供给能力的动态性、信息资源内容的动态性、信息资源读者需求的动态性、信息资源成本价格的动态性等多种因素的影响和制约。

第三，渐进性。图书馆信息资源配置必须是一个逐步积累、逐渐丰富成熟的过程，这是由信息的特性所决定的。任何图书馆的馆藏都是由一本书逐渐积累到一万册、十万册、百万册乃至千万册，因此图书馆信息资源配置不能急于求成，否则，馆藏质量将会大打折扣。馆藏数量和质量合理均衡发展，才是图书馆信息资源配置的正确道路。

第四，连续性。信息资源配置不是孤立存在的，而是在某一特定的时域内，与其他资源要素紧密联系，组成一个相互关联不可分割的链条。以图书馆的资源配置为例，首先通过采购的方式获得图书、期刊和数字资源，辅之以复制交换和赠送等方式完善信息资源结构，资源到馆后对信息资源进行加工序化，通过一定的方式排列、布局和组织，并提供多样化的服务方式满足读者需求，之后对信息资源的利用进行全面的评估分析，前后形成了一个连续运行、周而复始的完整过程。

　　第五，未知性。随着社会信息化程度的提高和互联网技术的普及，基于互联网的电子数字信息资源所占的比重越来越大，大有后来居上的趋势，现已成为一种重要的信息资源类型。掌握网络信息资源配置的特性，将对网络信息资源合理配置起到重要作用。网络信息资源配置除了具有前述四个特性之外，未知性也是其独有的特征。网络信息资源配置的未知性主要体现在时间和空间两个方面。一是时间上的不确定性。主要表现在图书馆读者用户利用电子信息资源的时间不受限制，可以灵活掌握。互联网是一个完全开放的信息自由的空间，每个人既可能是一个信息资源的使用者，又可能是信息资源的制造者和传播者。网络信息资源不像传统的纸本信息资源可以永久保留和使用，它的产生和消失完全可以在倏忽之间，生与死都是捉摸不定、来去无踪的，因而增加了时间上的未知性，也增加了加工和收集网络信息资源的难度。二是空间上的未知性。网络信息资源存储于互联网的虚拟空间上，运用虚拟馆藏方式实现对网络信息资源的配置。网络信息资源储存在本地服务器或远程服务器上，或存在于云空间，这些独立的虚拟数字空间由互联网连接，组成了世界范围内各分支互联网数字空域，传统的实体信息资源固定配置在图书馆，一般是不移动的，因而是可控的。网络信息资源存在于跨地区、跨国家的虚拟信息空间与信息环境，打破了图书馆物理围墙的限制。特别是云计算概念的引入和计算机云存储技术的发展，更加大了这种空间的未知性和模糊性。不管你身处何处，只要有互联网就可以查询检索到所需要的信息资源，而不受传统的空间限制，由于是不可控的，必然带来一定的不确定性。

六、图书馆资源配置模式

信息资源类型多种多样，但具体到每一个图书馆的资源配置，由于种种条件的限制，配置模式也是千差万别、各有千秋。根据发展历史阶段和选择方式，大致可以把图书馆的信息资源配置模式确定为三种，即传统型图书馆信息资源配置模式、复合型图书馆信息资源配置模式以及数字型图书馆信息资源配置模式。

（一）传统型图书馆信息资源配置模式

传统型图书馆产生于计算机网络出现之前，图书馆的信息资源主要是文献资源，以纸本的图书、期刊、报纸和古籍为主，兼收地图、手稿、字画等，为读者提供文献资源的借阅和查询服务。信息资源配置以人工服务为主，对采集配置来的信息资源进行人工编目，制作查询卡片供读者借阅。最根本的是，这一类型图书馆资源配置的理念还一直停留在藏书建设的阶段，资源配置的重点是在"藏书建设"上。到了现代，科学技术飞速发展，一方面新的文献急剧增加，另一方面旧的文献内容不断失效，增加了复本和图书剔旧工作，因此，图书馆藏书建设的概念呼之欲出，并形成了藏书建设的基本理念，即图书馆按照一定的藏书原则确定采购标准和收藏范围，有计划、有目的地选择入藏各种文献资料，并对它们进行科学的组织与保管，剔除确实不为读者所需的文献资料，从而实现图书馆的藏书建设。

在藏书建设配置理念的指导下，资源配置的模式必然是封闭式管理，满足于自给自足的自藏占有模式。自藏占有模式就是图书馆通过自己的收藏，拥有馆藏资源的一切财产权、支配权。自藏占有模式在人类发展的历史长河中发挥了的重要作用，为人们的学习、研究、接受教育做出了巨大的贡献。

由于科技迅速发展，现代图书馆的出版文献不仅数量庞大，而且类型复杂，载体多样，突破了传统图书馆那种以"书"为主要藏品的格局。现代图书馆的资源配置除了收藏图书以外，还收藏大量的期刊、报纸、特种文献资料、地图、图片、乐谱、视听资料、缩微资料、机读资料、光盘资料等非图书资料，在这种情况下，"藏书建设"这一概念就显得格格不入、实在不妥，仅仅靠使用"藏书"二字已经不能充分地揭示现代信息资源配置的本质，更不能概括和反映信息资源建设的整体风貌，所以有人提出了"文献资源建设"，于是，这一概念就在我国应运而生了。应该说，"文献资源建设"这一概念突破了图书馆"藏书建设"概念的局限，对微观文献资源建设与宏观文献资源建设的关系做了辩证的考虑，特别强调要把文献资源作为国家的战略资源加以建设，突出了从国家或地区层面对信息媒体的采集、布局，实施整体的宏观调控，以形成国家或地区的文献信息保障体制的思想。

（二）复合型图书馆信息资源配置模式

由于计算机和互联网在图书馆领域的应用，信息资源建设的观念逐步替代了文献资源建设的理念，在这一思想驱动下，图书馆的信息资源配置模式也在悄悄发生变化，改变了过去纯手工依赖纸本信息资源的局面，逐渐用计算机、互联网代替人工进行资源加工，还采购了数字电子资源供读者使用。

复合型图书馆信息资源配置模式要求图书馆的资源类型必须多元化，一方面要照顾到读者以"书、刊、报"为主体的纸本资源的需求，必须重视这方面资源的采购、组织和序化工作，另一方面更加重视以电子书、数据库、网络资源为代表的数字电子资源的建设工作，因为数字信息资源发展迅猛，相比纸质资源，电子资源具有天然的优越性，因为它传播速度快，传输数量大，传播形式多样化，传播内容丰富，既能传播文字，也能传播音视频等多媒体文件，因此受到读者更多的拥护和使用，成为信息资源配置的重要组成部分。

所以复合型的资源配置模式就是把纸本资源和电子资源结合起来共同配置使用，不断收集整理各类纸本文献资源和数字电子资源，不断收集整理互联网上内容繁杂混乱、质量良莠不齐的各类网络资源并加以序化和优化，使之成为我们信息资源建设的工作对象。从本质上讲，信息资源建设的工作内容就是对信息进行挑选、收集、整理、开发和服务。

进入 21 世纪，信息资源配置又出现了一些新情况、新发展，主要体现为：从重视配置主体向重视读者用户转变；从经济角度向经济和管理角度并重转变；从规范性研究向实证研究转变；从狭义信息资源向广义信息资源的转变。因此，我们应及时观察和调整我们的理念，以便适应时代的飞速变化。按需获取模式应运而生。按需获取模式是根据读者的实际需求而进行的资源采购和获取的模式，它具有一定的目的性和指向性。图书馆要做到可持续发展，势必要求采用按需获取模式，这是由两个方面的因素决定的，一是图书馆信息资源配置发展的内在要求，二是图书馆外部发展环境的客观要求。

（三）数字型（智慧型）图书馆信息资源配置模式

进入 21 世纪，人类信息资源有了更进一步的发展，互联网不再局限于电脑，现在人们借助智能手机和平板电脑等工具，依靠移动互联网，开发了各种 App，深刻改变着人们创造、分享信息资源的状态和体验，图书馆已经不再是知识天堂，现在被看作一个人人共享的"第三空间"，人们生产工作的场所是第一空间，下班后回到家里，家里就是人们的第二空间，而图书馆就是人们欣赏艺术、增长知识的第三空间，过去单一的借还图书和阅览室，逐渐被交流思想、切磋讨论问题和发现创造的场所替代。在这种形势下，图书馆的信息资源配置也必须跟上形势，有人预言未来的图书馆将是无纸化图书馆，图书馆配置的是一个个研究室和实验室，在这里，查询资料依靠电脑和互联网环境下的数据库，研究问题靠电子邮件、大型 CAD 工作台和投影仪展示，并配备 3D 打印机和 VR 虚拟电子设备，以营造真实的体验环境。

尽管依托于互联网的数据库技术和网络技术日益成熟，但还有许多问题没有完全解决，比如学习安全问题，网络攻击随时威胁着互联网的发展；数据库商的数据库垄断现象在短时间内难以消除；还有网络信息资源的知识产权保护问题。获取方式方面也还有许多问题亟待解决，比如获取信息资源的被拒，以及费用、速度问题，这些都是我们建设数字图书馆过程中必须面对和解决的。

综合以上分析，可以看出每一种模式都有一定的产生条件和使用范围。目前我们更多的是采用复合型的信息资源配置模式。应该看到自藏占有模式与按需获取这两种模式各有所长，是一种相互依存：互为补充的关系，是一个辩证统一的关系，如馆际互借往往是借阅纸本资源，假如没有自藏占有模式，馆际互借无从谈起。因此自藏占有模式自有存在的价值。另一方面，由于受资金和物理空间的限制，只采取自藏占有模式也不能完全满足读者需求，而互联网环境下的电子信息资源内容丰富，正好可以弥补图书馆自藏占有模式资源不足的缺陷。

自藏占有模式下，为了完全满足读者需求，采购收集纸本信息资源需要耗费巨大的人力、财力、物力，仅靠图书馆的一己之力难以维持，是一个不可能完成的任务，这是自藏占有模式的不足。当然仅仅依赖按需获取模式，仅能满足读者的部分需求，比如许多数据库只提供索引或文摘等二次信息资源，要想得到全文还难以做到。因此，这两种方式各有长短，应该取长补短，互相辅助、互为补充。

图书馆信息资源配置模式应该采取两者兼顾的策略，学会两条腿走路，避免"单打一"。事实上绝大多数图书馆都是采取二者结合的方式，根据具体情况和需求，决定是选择自藏占有模式还是按需获取模式。总而言之，无论一个图书馆规模有多大，即使国家图书馆也难以囊括天下所有资源，在实际的信息资源配置过程中，也不可能集齐天下所有资源，满足读者所有需求，因此只有多种模式并举，共同建设，资源共享，拓展资源空间，才能不断满足读者需求。

第二节 馆藏信息资源配置的目标与策略

信息资源配置的目标会受到信息资源配置机制的影响，也就是说它要受到市场、政府和产权的叠加影响，因此要做到信息资源的合理配置，就必须明确配置的目标，明确图书馆的定位和服务对象，并据此制定出本馆信息资源建设的宏观规划，根据自身定位和服务对象对信息资源的需求，做出有计划、有重点的合理配置。从宏观上讲，馆藏信息资源应该成为国家信息资源储备体系的一部分，是国家发展信息资源战略的重要组成部分，是人类知识文明的宝库和人类进步、延续与发展的重要支撑。因此，图书馆也要围绕国家发展的战略目标，规划好本馆的配置目标。

一、公共图书馆信息资源配置的目标与策略

我国公共图书馆，按层次级别分为国家、省、市、县、乡镇图书馆，其中国家、省、市级公共图书馆是主体，并由此形成了国家级、省市级、县乡级三级公共图书馆格局。公共图书馆在我国已达到较大规模。图书馆的信息资源配置目标是根据本地区信息中心的办馆定位，向社会公众提供各种知识和信息，成为传播教育、文化信息的重要阵地，社会公众交流信息、促进和谐进步的精神家园，为社会群体提供终身

教育和文化发展的重要渠道。公共图书馆服务对象涵盖社会所有成员，但每一个级别的公共图书馆的具体任务和服务对象有所不同，因而馆藏信息资源配置目标也有所不同。

（一）国家图书馆的馆藏信息资源配置目标与策略

国家图书馆是国家信息资源配置的总枢纽，总体配置目标是由自身所处的地位、职能以及服务对象决定的。我国的国家图书馆除担负着为中央党、政、军领导机关和国家重点科研、生产单位服务的任务之外，还要成为各级各类图书情报机构查找文献的中心，以及全国信息资源配置的大中心之一。国家图书馆的职能和服务范围，决定了其目标是建立具有中国特色的、系统完整的馆藏信息资源体系，其策略方针是"兼收并蓄、合理入藏、技术先进、长期共享"。

国家图书馆的馆藏信息资源应具有兼收并蓄的特点，对不同学科内容、不同出版形式和类型的文献全面收藏，印本资源和电子资源双管齐下，协调发展。

作为公共图书馆的领导者，国家图书馆规划中的资源内容涉及范围比较广泛，传统印本资源应涵盖哲学、社会科学、自然科学技术、文化艺术生活等各个方面，全面收藏国内出版的各种出版物；着重收藏各知识门类的出版物，特别是各学科的主要著作、主要参考工具书；重点收藏中国古籍文献和系列文献；适当收藏各国出版的文艺读物、科普读物。对于少年儿童读物和教科书应设专门的少儿图书馆收藏。国家级公共图书馆除了收集上述资源外，还会根据自身的战略定位提供一些相应的信息（如战略资源、法律资源、政府报告等）。对于电子资源，采用先进的计算机和网络技术，以及自动分类、标引和摘要、自动查重等，从技术上保证网络信息资源的开发、保存、链接和利用。一方面联合政府、新闻出版、教育、科技、文献收藏等部门和单位，采取合作机制进行电子和网络信息资源整合和配置，另一方面购买国外一些学术价值高、影响大的网络数据库，自行开发、组织、整合大型专题数据库，确保重点信息资源的可持续利用，为其他图书情报机构共享国家图书馆信息资源提供保障。

国家图书馆应该收藏一切有价值的人类知识和科研活动的文献记录，同时强调资源的完整性和系统性。借阅和流通功能不是国家图书馆主要任务，这有别于一般的公共图书馆。不管用户有多少，只要该文献具有一定的知识性、学术性、参考性，就该被收藏。另外，应利用最先进的资源描述与组织方式长期保持资源。图书馆常用的资源描述方法包括都柏林核心（DC）元数据集、机器可读目录（MARC）、资源描述框架（RDF）、可扩展标记语言（XML）等。应利用自身的优势地位和雄厚的资源，吸收先进的资源描述与组织方式，率先在全国推广使用，以起到示范作用。

（二）省级及地市级公共图书馆资源配置的目标与策略

省级及地市级公共图书馆是面向社会大众的综合性公共图书馆，资源配置的目标是成为向社会公众提供图书阅读和知识咨询服务的学术性机构，成为本地藏书、书目加工和图书馆协作、业务交流的中心。应根据读者用户的需求，不断丰富充实原有馆藏信息资源，逐步形成具有地方特色、适合当地读者需要的信息资源配置方案。

在信息资源建设的总目标的指导下，采取的策略应是"立足本地，突出特色，服务当地"，建立具有本地特色的馆藏信息资源系统。省市级地方公共图书馆要面对当地的大众读者，所以馆藏信息资源应具有综合性和地方性的特点。当地读者和用户的多元性和层次的参差不齐，决定了省地市级公共图书馆服务对象的多样性和用户对文献需求的多样性，也决定了其馆藏文献资源的综合性的特点，对一切知识领域的各种类型的文献资源要有选择地收藏，重点学科文献的品种要系统完整；不一定要求专业性和学术性有多强，但涉及的范围要广，要注重图书的借阅和流通；省级及地市级公共图书馆应尽量收藏本地的地方文献，体现馆藏文献资源的地方特点。

立足本地、服务本地是对省市级公共图书馆的根本要求。信息资源配置要依靠本地，服务本地，为本地区的经济建设和社会发展保驾护航，为本地科学研究、政策咨询提供信息资源保证。信息资源配置应该有效整合本地信息资源，突出地方特色，逐步建成具有综合性和地方性特点的公共图书馆信息资源建设体系。传统印本资源首先应该收藏当地经济建设、科学研究及重点学科建设急需的信息资源，推出新学科、新技术、新理论并切实保护好。长期保存好涉及当地经济发展、科技文化的学科资源，形成研究级文献体系。在保证重点的同时，还要兼顾一般服务对象，对一般藏书而言，有选择地收藏一般通俗性科普读物、普及性教育读物和经典传统优秀的文艺作品。一般藏书与重点藏书都是地方图书馆兼顾的收藏范围。一般藏书还要系统地收藏地方性文献。

省级及地市级公共图书馆历史悠久、藏书丰富，馆藏有本地历史、地理、政治、经济、文化、教育等特点的特色资源，因此一方面要保护好这些资源，体现馆藏特色，另一方面要完整收藏本省本地区地方版文献，不仅要满足本地区读者的需求，还要实现全国的资源共享。

在电子网络信息资源配置方面，要根据当地的实际需要，有选择地配置，一般来说应优先考虑中文数据库。中文数据库由于学科涵盖面大，报道的信息比较及时，且有多种检索途径，是目前利用率较高的信息资源。省级及地市级公共图书馆购买综合性的中文数据库，就可以满足本地区经济建设、技术教育、科研文化对信息资源的需求。另外也要适当地配置外文数据库。由于外文数据库数量多，价格昂贵，可以少量配置一些适合本省经济发展需要、重点专业研究需求的外文专题数据库，满足本地读者科学研究的需要。为了节省经费，提高利用效率，可以建立镜像信息站点，镜像信息站点的数据库虽然不归图书馆所有，但不影响用户对数据库信息的获取。还可以充分利用网络资源，创建各种专业的网上虚拟数据库，同时大力建设地方特色数据库，根据本地区的资源优势、经济发展方向和地方人文等特点，建设具有当地特色的数据库。

二、高校图书馆和专业图书馆信息资源配置目标与策略

高等学校是国家重要的教学和科研机构，高校图书馆是服务于高校教学科研的重要部门，是学校的信息资源中心，是为教学和科学提供研究服务的学术性机构，也是我们国家图书馆体系的重要组成部分，目前，绝大多数高校都有自己的图书馆。

高等学校图书馆信息资源配置的目标是根据本校的教学和科学实际，根据学科发展需要和学科特色，重点进行信息资源配置以形成具有本校特色的信息资源体系。为教学和科学研究服务是高校图书馆的

首要目标，高等学校图书馆必须贯彻"以教学科研为中心，兼顾全面提高学生素质教育"的原则，选择信息资源配置的策略。高等学校图书馆是为本校教学和科学研究服务的机构，主要服务对象是在校师生，因此其信息资源配置工作就应该紧紧围绕教学科研中心开展，注重本校的重点学科和优势学科的信息资源配置，同时兼顾学生课外阅读等素质教育的需要。

根据高校图书馆信息资源配置目标的要求，在制定信息资源配置的策略时，要注意以下几个方面。

（一）纸本资源配置

首先要保证教学科研图书、期刊的需要，教学用书主要包括各门课程在教学过程中所需的主要教学参考文献，包括专著、教材、习题集、实习用书及相关专业期刊、学术论文等。由于教学用书具有专业性、系统性的特点，要求教学用书的品种要全，再加上学生借阅量大，教学参考书的复本量要多。科学研究所需图书报刊资源应主要包括本校的教师，博、硕士研究生，科研人员进行科学研究所需的馆藏文献资源。一方面保证与本校专业学科设置紧密相关的科研图书、报刊资料的收藏，供本校的教师，博、硕士研究生，科研人员进行科学研究参考使用，由于这部分文献资源专业性、学术性强，是高等学校图书馆信息资源配置的重点，需要系统完整地收藏。另一方面对于一般的科研项目需求，可根据科研人员的需求适当予以配置，对于与本校专业设置关系不大甚至是无关的科研文献资源，根据实际情况酌情配置。

其次重视特色藏书配置。高校图书馆在学校长期办学过程中，已初步形成了带有本校特色的馆藏结构，本校的学科优势更加强化了图书馆的资源特色。为了突出办学特色，形成对学校教学科研的有力支撑，图书馆要重点收集相关文献资料，特别是要优先保证本校有特别优势的专业学科群和重点学科需要的资源。

最后，为了陶冶广大师生员工的情操，丰富大家的业余文化生活，应适当配置课外阅读和素质教育的藏书。主要包括政治、道德、法律、科学普及、文学艺术、生活娱乐等方面的书刊，做好思想性与趣味性相统一的寓教于乐的信息资源配置。

（二）电子、虚拟网络信息资源配置

首先配置学校重点学科所需要的中、外文数据库。在配置中文数据库方面，为了满足教学科研和师生的需求，图书馆一定要尽量购买权威性、综合性强的中文数据库。在配置外文数据库方面，更要精挑细选。因为外文数据库价格昂贵，且年年涨价，对于经费不多的图书馆来说更要精打细算、仔细斟酌。所以选择时首先要保证重点学科的需求，还可以积极参加集团采购以降低采购成本。

其次图书馆应根据学校学科的设置、专业特点及学科发展动态，建立具有本馆特色的特色数据库。特色数据库的建设可以依托本校重点学科的优势资源，挑选馆藏中具有地方特色、本校特色的文献资源进行电子化，依靠校园网和互联网查询访问，扩大影响并最终形成网络特色数据库。

再次利用现代化的网络技术，推动高校图书馆数字资源配置的进一步提升。互联网 Web3.0 是 Web2.0 的升级版，为未来网络的发展提供了全新一代的网络服务模式，Web3.0 通过一系列标准化的外部组件拼装而成的一系列组合应用，已实现用户对互联网应用的有效管理，它能够代替人工进行大量干预和数据分析等枯燥工作，并被图书馆用来分析浩瀚的网络信息，从而对知识资源建设提供有益帮助。另外一个就是云计算，云计算把分散各地的计算单元通过互联网连接，形成一个具有强大计算能力的完美系统，借助软件即服务、产品即服务、快速突破云等商业模式，把强大的计算机能力分布到终端用户手中。云计算在图书馆领域有广阔的运用前景，云计算将远远超越IT本身，改变图书馆的软件、计算机集成系统、云存储平台等IT基础设施，不断提升电子资源配置的数量与质量。

最后，高校图书馆可以利用移动图书馆为读者提供信息资源配置服务。移动图书馆依靠无线网络及用户移动设备上的软件客户端为读者提供图书馆的服务。目前推出的移动服务主要有两种：一种是功能性服务，主要指在各种移动设备上实现自动化系统的相关功能，通过各种移动设备来实现用户与系统之间的交互。如用户开通手机短信服务后，可以免费接收图书馆推送的各种短信，如退还、预约到达通知，用户卡过期提醒和公共信息，还可以利用手机按指定格式发送短信，如"卡号加密码加服务指令"，进行图书预约、续借、挂失等操作。另一种是信息服务，专门利用系统设备为用户提供各种信息咨询服务，如图书馆动态、会议备忘、新书刊推荐、资源欣赏、文化讲座等。用户只要主动使用移动设备客户端就可以享受上述服务。

三、专业图书馆信息资源配置的目标与策略

专业图书馆在我国主要指国家机关系统和科学研究系统图书馆，所提供的服务定位为立足本行业、面向全国，服务对象主要为科研人员、

科技管理和决策者，目标则是保障相关学科和领域的科技信息资源服务、开展学科化信息服务及专业研究。专业图书馆是图书馆体系的重要组成部分，由于专业性强、科研水平高，因此在科研、经济和社会发展中居于举足轻重的地位，并发挥着巨大的作用。

专业图书馆的信息资源配置目标是以专业化文献信息服务为基础，组织专业文献信息服务队伍，深入学术研究和项目研究过程，以数字资源体系建设为突破口，基本建成数字化资源、馆藏样本资源、第三方保障资源相互结合与协调的文献保障体系。

根据专业图书馆信息资源配置目标的要求，应采取并实施"专业精深，知识服务"的信息资源配置策略。

专业图书馆的服务对象主要是专业的科研人员，一般为其所属单位的科研人员、工程技术人员等专业人员服务，由于专业性强、科研水平高，专业图书馆的服务对象相对比较固定单一，服务对象对信息资源的需求也比较单一集中，因而要求图书馆必须配置专业相关性强的信息资源。应力争协调并整合馆藏样本资源、数字化资源和第三方保障资源，形成布局合理、保障有力的专业信息资源体系。

传统的印刷型文献是馆藏样本资源主要组成部分，收藏的标准应是专业突出、系统完整，包括：基本专业收藏，主要涵盖专业的基础理论著作、基础技术文献和主要参考文献，如专业工具书、检索文献、专业期刊和特种文献；相关专业收藏，主要涵盖与本专业相关的学科文献和经典著作；跨专业收藏应主要涵盖多学科融合的检索文献和参考工具书。

在数字信息资源方面，应重点配置的是数字化资源和第三方保障资源。数字化资源一般包括有较高情报价值、特色明显的电子图书、电子期刊、网络光盘、数据库。第三方保障资源主要指分散在互联网的信息资源。

努力建设特色信息资源。把建设机构库作为重点，根据本单位的科研优势，整合前瞻性、学术性强的专业资源，形成有特色的专业机构仓储数据库。机构仓储数据库不仅包括本馆纸本文献的数字化处理，也包括对购进电子出版物的二次开发，形成二次文献，便于读者检索利用。

第三节　图书馆各类资源的配置与采集

尽管信息资源类型非常多样，但在图书馆资源配置的具体过程中并不是兼收并蓄的，而应有所选择。实际上，图书馆所涉及的信息资源配置只包含部分信息资源类型。图书馆是社会的主要信息资源收藏和配置中心，在整个社会信息资源配置过程中扮演着举足轻重的角色。不仅采集的信息资源体量大，而且种类多，因而研究图书馆信息资源配置的采集工作意义重大。各类资源配置的采集主要包括纸质文献资源的采集、数字资源采集、网络资源采集。

一、纸本图书资源的采集

纸质文献在人类文明的历史长河中扮演了重要的角色，对人类发展和进步做出了巨大的贡献。如今，虽然有数字信息资源，纸质图书文献由于阅读方便，便于人们研究和思考问题，具有完善的审核、编辑制度，在信息质量上有一定保证等特点，仍然备受读者青睐，在信息资源配置中占有重要地位。

（一）图书采集的流程

图书采集的基本流程：首先要征求各方面的意见，一般途径包括读者需求、单位订单、基层采访。各种信息汇总后，集中到图书馆资源建设部门，由他们决定采集的方式。采集方式一般有两种，一种是书目采购，另一种是现场采购。

1. 书目采购

由图书的出版商、发行商或经销商向图书馆寄发书目（一般都是通过电子邮件发给图书馆采购人员），由图书馆采购人员根据上述三个需求来源初步筛选，然后进行查重工作，剔出重复的数据，剩下的数据就是准备订购的数据。订单初步形成后，送文献信息资源建设指导小组审查。订单通过后下订单订购选中的图书，即将订单发给出版商或发行商，由他们组织实施采购工作。图书按预订的种数及复本数送达图书馆，由图书馆负责接收和验收工作。

书目采购的优点是选择性强、信息量大、选书效率高。缺点是没有真正看到样书；图书馆使用的征订书目是由某些出版商或发行商提供的，选择范围有一定的局限性；不容易把握书的内容，征订书目对图书学科内容在学术性、实用性方面的介绍甚至有不实之处，容易蒙蔽采购人员；再就是到书率不高，因为书目采购都是预订，到底这本书是否出版，或者存货是否还有，都是未知数，还有一种情况就是发行商对无利可图或营利较少的图书不予配送，这些都导致到书率不高，从而影响整体的采集任务。

2. 现场采购

现场采购简称现采，是图书馆派人直接到图书的出版商、馆配商的库房或展览会、书市现场进行采选的方式。现采的一种方式是图书馆人员把本图书馆的数据灌入采集器查重，然后直接把书从架上拿下，直接到出版商、发行商或馆配商的库存图书的书架上挑选，打包寄回图书馆；另一种方式是先采集数据，回到图书馆后再进行查重工作，决定采购品种，形成订单，馆配商按单发货，这样做省去了筛选征订目录的环节。

现采的优点是能直接看到样书、对书的内容有较好的把控，可直接根据图书的内容决定是否采购，降低误采率，且到书率高。现采的缺点一方面是容易产生重购问题，现采一般都是用采集器来查重，查完重后把需要的书目交给出版商或馆配商，然后做成Excel表格发给图书馆做最后的检查审定。图书馆确认结果后，再把书目发给出版商、发行商或馆配商，由他们编制成CNMARC数据随书配给图书馆。从现采开始到图书到馆这一过程快则十几天，慢则一个多月，而此期间其他的订购工作照常进行，这样就有可能产生重购现象。另一方面有可能出现想要的书采集不到，出现漏购现象。因为现采图书的品种是由供应商或馆配商组织的货源决定，一些学术性较强、折扣高的专业图书，供应商不愿意提供，这就会造成图书馆需要但又采集不到，即出现漏采现象。

图书到馆后就要进行验收工作，验收工作是检验订单与到书的吻合情况，同时对书的质量进行评估，一看有无破损、污渍和装订问题，二看是否为盗版图书，三看书上标价与订单是否相符。如果发现有上述几点存在问题，应及时做退书处理，以免给下面的编目工作带来麻烦。然后进行图书到馆记录，即给图书标上财产号码。然后进行一系列的编目加工工作，最后典藏到流通部门。采访人员最后进行报销和财产登记工作。

除了书目采购和现场采购两种主要形式外，还有一些其他的补充采集方式，如邮购、代购、征集、交换、捐赠等形式。

图书馆负责资源配置的人员应该是图书采购的主体，当然为了图书采集更有针对性地回应读者需求，还可以变换方式，采用集体采书的形式。集体采书的形式是图书馆召集相关学科的专家以及其他相关单位和部门的同志，参加书展或到大型图书市场挑选采集图书。这样做的好处是减少了选书的盲目性，是民主选书的有益尝试。

（二）查重与复本

在图书采集过程中，往往有两个重要的问题必须重点关注，一是查重，二是复本。

1. 查重问题

为了避免重复采购，对拟采购图书进行筛选，剔出馆藏已有的图书的过程就是查重。查重的目的是采集图书馆没有采集过的图书或虽然已经采集但复本量不够的图书，通常把同一书名、同一著者、同一内容的图书看作重复书。在查重过程中，检索的途径一般有以下六个。

书号：又叫国际标准书号，简称为 ISBN 号，它是为标识一种图书或一个图书版别的出版地、出版者、书名及卷次而设计的国际编号，具有唯一性、专指性、顺序性和检索性的特点。每一个 ISBN 号由一个冠有 ISBN 字样的 10 位数字组成，其组成顺序是：组号－出版者号－书序号－校验码。

题名：包括正题名、并列正题名、丛编题名、并列丛编题名、统一题名、封面题名、书脊题名等。

著者：包括第一著者、第二著者，或个人著者、团体著者等。

分类号和主题词：在使用过程中，这两种方法有时会因使用者的理解差异或过于相信传统经验而失误。

出版社：利用出版社来查重，查全率高，但因专指度太低导致查准率也非常低。有的系统没有设出版社这一检索点，这种情况下也不能用出版社来查重。

在查重过程中，把以上六项内容输入查重软件中，就能基本保证采购的图书不会出现重复的问题。

2. 复本问题

图书馆的复本是指同一品种书一次采购的数量，主要指图书。图书馆信息资源配置的效率、馆藏结构的优化以及资金使用的合理与否都与复本息息相关。复本量的确定，应该由以下几种因素决定。

采购的资金：每年采购资金的预算，特别是图书采购资金的预算是决定复本多少的重要因素。一般来说资金越多，可采购复本数也就越多；相反，资金越少，可采购复本数也就越少。

采购的品种：一般来说，采购资金固定，采购的复本越多，采购的品种就越少，反之亦然。现在图书馆为了增加品种，一般都把复本控制在2至3本。

图书的价格：具体到每一本图书，其定价也是重要考量因素。如果该书码洋过高，比如超过200元，就只买一本，不再要复本。一般情况下，资金缺乏时，定价较高的图书应减少复本数或不要复本。

馆藏情况：查重后若发现图书馆馆藏中同类图书复本较多，一般情况下就不再采购，或减少复本，增加其他种类图书的复本数。

读者需求：一般可根据读者的要求选择复本的数量，也可以选择图书馆借还系统反映的读者借还频度高的书或者拒借次数多的书，适当增加复本量。但读者的需求情况和需求趋向变化较快，很难把握，因此，图书馆一般根据多数读者的需求，即根据读者的多少来确定采购品种和复本数量。

可借阅数量和借阅期限：图书馆的借阅数量和期限对图书复本的影响也较大。如果对读者的限借册数少，借阅期不长，那么图书借阅流通速度较快，对复本的数量要求就少；反之就要求复本数量多。

图书馆应该根据本馆实际情况，综合考虑以上因素的影响，确定符合本馆情况的各种图书的复本数，以满足读者需求，更好地为读者服务。

（三）纸本图书的选书模式

纸本图书虽然受到数据库和电子书的冲击，但仍是不可替代的存在，高校图书馆也仍然是采购纸本图书的主要力量，每年馆配图书采购的"半壁江山"非高校图书馆莫属。因此，高校图书馆在馆配图书的选书模式方面遇到很多困惑与阻碍，尽管每年出版的图书很多，但选书却很困难，想选到符合读者需要的书更加困难，所以有必要对高校图书馆的选书模式进行总结研究，以便更好地提高选书效率和质量。根据图书馆信息化技术水平划分，高校图书馆的图书选书模式大体经历了三个模式，即传统模式、过渡模式和现代模式。

1. 传统模式下的选书

传统模式是指在20世纪80年代以前，计算机没有在图书馆使用，图书出版物数量有限，主要依靠手工卡片操作的选书模式。当时选书的指导思想是以保存文献为主，对文献的收集主要追求系统和完整，把文献内容和版本作为选书的首要标准。改革开放后，图书出版量猛增，对文献选择提出了更高的标准。不仅要系统完整，还要选择本馆最需要的图书，选择和采购最新出版和最有价值的图书，同时补充图书馆缺藏的早期出版物。

在传统的选书模式下，图书馆的选书主要由图书馆的工作人员完成。无论是信息渠道，还是购销渠道都是单一和狭窄的，是一种封闭的、单向的选书模式。这种模式导致了选书目标单一、可选范围狭窄的问题，更谈不上读者参与选书。随着文化繁荣和改革开放的不断推进，出版物数量连年猛增，这种模式越来越不能适应新形势的发展需要。手工操作效率不高，查重的出错率也比较高，急需一种新的选书模式来替代。

2. 过渡模式

进入20世纪80年代，计算机逐渐普及，开启了人类的信息时代。一方面计算机应用于图书采访编目，给图书采购、查重工作带来了方便，同时出现了电子书目数据，极大方便了工作人员选书。这种模式是介于传统手工模式和现代模式之间的过渡模式，利用电脑部分代替人脑和人工操作。虽然提高了部分选书工作的效率，一定程度上确保了选书的质量，但是由于图书的出版量猛增，图书馆不是面临无书可选的情况，而是面临知识爆炸、可选书数不胜数的局面，同时还要充分考虑读者的诉求，以最大限度满足读者需求作为挑选图书的原则和目标。美国著名的图书馆学家杜威提出的"最好的图书，最多的读者，最少的开支"可以作为这一时期的图书选择标准。

根据这一选书思想，一方面积极发动读者参与选书，通过读者推荐图书，或组织高校教师和部分学生直接到馆配商的书库选书等形式，提高读者选书的针对性。特别是国外流行的PDA（读者决策采购）新型图书采访模式传入中国，极大影响了选书模式。读者决策采购模式是由读者的实际需求与使用情况，触发图书馆文献购买决定。美国高校图书馆根据馆藏图书选书标准，如出版年限、图书类型、图书价格等制定采购书目，并把这一采购书目的 MARC（机器可读目录）数据导入图书馆书目系统，读者浏览书目，可以点击、推荐、试读，如果读者点击量和试读次数等指标达到图书馆预设阈值，将会启动后台程序给馆配商发出购买指令，完成选书和采购任务。

虽然 PDA 模式作为一种创新的选书模式，突破了传统模式以图书馆为中心的采购理念，由过去图书馆专业人员揣测读者需求产生采购决策行为，转变为以读者主观性需求为中心而产生采购决策行为，并由一种相对封闭的采购策略转变为相对开放的采购策略，但在实践中，推行 PDA 也遇到了许多障碍：从图书馆外部环境讲，馆配商的服务水平、发行方式和能力参差不齐，无法对接图书馆采购平台；从图书馆内部环境讲，图书馆采访馆员质疑读者选书能力，如果读者滥用选书权，任意点击或者选择不符合馆藏范围的图书，就有可能产生大量不合理的购买决策，从而浪费图书馆资源和经费。当然许多读者还不了解和适应 PDA 模式，点击量非常小，仅靠 PDA 模式无法完成每年的新书采购任务。所以，图书馆还要制定严格的采购标准，规范读者的选书采购行为，避免选购的随意性。同时图书馆采访人员仍要坚持选书，及时跟踪、把关与评价。单靠一种形式难以实现理想的选书目标，必须多种途径共同操作。

3. 现代模式

随着互联网技术发展的日趋成熟和各种终端设备的普及，图书馆面临新的挑战和机遇，对于纸本形式图书的选择也必须跟上时代步伐。

读者需求和社会需求的多元化，决定图书馆不能仅仅局限在自己的小天地里，要把图书馆融入整个社会大环境中。而社会性的确定需要经过社会环境调查和读者需求调查。社会环境调查一般包括图书馆区域人口密度、读者分布、城市发展、工业发展和社会发展五个项目。读者需求调查包括读者类型、读者数量、阅读兴趣、阅读内容及阅读原因五个项目。以上这些理论探索都为我们建立选书的现代模式奠定了坚实的理论基础。因此在建立现代选书模式的过程中，必须坚持"书目标准化、选书平台化、服务联盟化"的方向。

二、期刊资源的采集

期刊采集是根据图书馆的性质、定位以及读者需求的特点，通过访问、调查征求多方面的意见，有计划地选择、收集、加工、收藏期刊文献的过程。

（一）影响期刊采集的因素

由于互联网技术的发展，传统期刊越来越受到来自网络和数字资源的冲击。主要影响有以下几个方面。

1.开放存取期刊的影响

20世纪末期以来，一方面纸版印刷期刊价格持续上涨，其中以外文期刊的价格涨幅最大，基本以每年10%的涨价幅度递增，有些甚至达到20%左右，图书馆有限的经费不堪重负。如何解决期刊品种不断增加、价格持续增长与期刊购置经费短缺的矛盾，是期刊采访工作普遍面临的难题。另一方面电子期刊大量涌现。电子期刊由于具有出版周期短、信息容量大、阅览不受时空限制等优点迅速崛起。读者用户使用联网终端（手机、平板电脑、笔记本、台式电脑）就可随时阅读期刊、查询信息。电子期刊还具有多媒体功能和超文本链接功能，比起纸版的检索工具书刊更为快捷方便，图文声像一体的多媒体功能，也是印刷期刊无法比拟的。正是上述两个方面的叠加影响，开放获取期刊应运而生。

根据《布达佩斯开放存取先导计划》的定义，开放期刊是通过公共互联网可免费获取的期刊。开放存取期刊的出现和队伍的壮大，可以有效应对传统印刷期刊价格大幅度上涨而图书馆订购经费难以为继的难题，既减轻了图书馆的资金压力，又促进了信息资源的共享，为读者免费使用新的信息资源提供了另外一种选择。

2. 读者用户需求变化的影响

互联网技术的发展，不仅改变了期刊信息的储存传递方式，也带来了人们对期刊信息需求形式的变化，图书馆不仅要做好本馆馆藏期刊，同时还要满足读者对电子期刊和开放获取期刊的需求；在信息传递方式方面，不仅要求图书馆提供一次文献、二次文献检索服务，还要求能精确查询期刊中的某一篇文章或从期刊中提取有关信息资料；不仅要求可以在图书馆内查阅期刊文献，还要求在办公室或家中的网络终端查询信息资源，甚至通过各种移动设备，如手机、掌上电脑、笔记本电脑等，随时随地获取更实时更方便的信息服务。

3. 互联网环境的影响

互联网技术的发展对期刊采访工作是一把双刃剑，既促进了期刊信息资源的共建共享，另一方面也大大增加了期刊采访的难度。一方面随着互联网环境对图书馆的影响，图书馆的书目信息资源成为信息网络的一部分，通过互联网，读者用户可以利用联机编目、联机检索、馆际互借和电子文献传递等形式，实现资源共享。

另一方面，互联网环境也给期刊采访带来了一些困惑。首先，检索性期刊和工具书正在逐渐淡出读者视线，比如历史上曾经的"四大金刚"——图情专业的四大检索体系，即 EI、SA、CA、SCI，其纸版销声匿迹，其中体量最大的 CA（化学文摘）的印刷版早在 2010 年就不再出版了。其次，目前许多图书馆都采购了数据库，这些数据库可以提供纸版印刷期刊的电子版，电子期刊由于具有查阅方便的优势，大大方便了读者用户，因此，图书馆买来后收藏在图书馆的书库里的传统纸质载体的期刊资源，没有多少人查阅使用，绝大多数人都是倾向使用互联网的电子资源进行查询。耗费大量人力、物力资源的纸本期刊被束之高阁，失去了期刊的查询参考功能，不啻为一种浪费。

（二）期刊评价体系与采访标准

1. 期刊评价

期刊评价就是对期刊的总体认识，它通过定性研究和定量分析对期刊进行评价。期刊评价不仅可以提高期刊的办刊质量，鼓励学科理论创新，还可以为图书馆期刊采访提供客观依据。

期刊评价是由期刊评价体系来决定的。期刊评价体系是根据科学文献之间的内在联系，通过文献计量法找到一系列内容与之相关的文献，根据这些文献分析出某一学科的研究动态和核心作者群，并对该学术期刊的学术水平和在学科领域内的地位进行评价。在我国，期刊评价体系主要有：

中国科学引文数据库（CSCI）：由中国科学院国家科学图书馆制作，

被称为中国的"SCI"（学科引文索引）。收录范围包括我国自然科学、基础科学等领域出版的中英文科技核心期刊和优秀期刊。中国科学引文数据库来源期刊分为核心库和扩展库两部分。对来源期刊实行定量与定性相结合的遴选方法，每两年遴选一次。定量与定性综合评估结果构成了中国科学引文数据库来源期刊。

中文社会科学引文索引（CSSCI）：是用来检索中文社会科学领域的论文收录和文献被引用情况的重要工具。中文社会科学引文索引（CSSCI）由南京大学中国社会科学研究评价中心开发研制而成。CSSCI收录的论文和被引情况，已经被高校和科研系统认可，并作为科研能力和绩效的衡量工具。CSSCI的评价结果决定了人文社会科学期刊的办刊质量和学术地位。

中文核心期刊的评价研究：中文核心期刊一般依据《中文核心期刊要目总览》，是由北京大学图书馆牵头，由十几所高校图书馆、专业图书馆的专家和学者共同参与合作完成的，旨在为图书馆配置学术期刊提供参考帮助。核心期刊的确定主要依据被索量、被摘量、他引量、影响因子、被摘率、获奖或被重要检索工具收录、基金论文比、WEB下载量等多项评价指标，并且定期修订。

2. 期刊采访的标准

用户需求是期刊采访的首要因素，也是决定一种期刊是否采购的重要标准。如果读者对期刊特别是学术期刊有特殊需求，就要引起图书馆的重视。一般来说核心期刊是图书馆首先考虑的对象，因为它学科信息量大，理论水平高，创新意识强，能代表学科发展的水平和方向，期刊采访要系统完整地优先订购核心期刊。

期刊的使用、参考情况。期刊的使用可以用使用频率来衡量。使用频率主要是依靠统计借阅次数来观察。如果借用频次很高，说明该刊物是读者需要的，反之如果频次很低，说明该期刊很少人使用或无人使用，不符合读者的阅读需求，就要考虑是否取消订购。期刊的参考情况是由期刊论文的被引用率反映的。被引用率高反映出该期刊参考价值大，与读者需求的相关程度高。图书馆可对馆内收藏的本校师生的硕博士学位论文中的引文进行统计，得出每种期刊的被引用次数，被引用次数多的期刊应该作为订购的重点。

期刊的价格因素。期刊订购经费是有限的，而期刊价格往往逐年抬升，所以价格因素也是我们采访期刊的重要考量依据。期刊价格有两种计算方式，一是期刊的直接价格，二是期刊的相对价格，即期刊全年的总价格除以当年读者查阅的次数。但随着电子期刊和数据库的深度使用，单单统计读者的使用次数是不准确的，还要参考数据库后台的浏览统计数据。但必须严格控制外文纸本期刊的订购，因其价格昂贵，且每年都在涨价，好在许多数据库中收录有电子版，可以充分利用数据库中的电子期刊。

（三）期刊采集流程

收集期刊目录信息，确定收藏体系（核心刊、基本刊、一般刊），分中文报纸期刊和外文期刊的部分征订。分别进行中英文邮发、函订报刊采购数据的输入，核算价格及与电子刊协同采购，列出停订、停刊、新订变化情况，录入采购数据，形成初步订单。将以上订单送交文献信息资源建设指导小组审查，然后发正式订单采购。最后对订购的中、外文期刊的品种和经费进行统计，完成付款报销工作。

三、数字电子文献资源的采集

随着互联网技术的日益成熟，大数据和云计算逐渐被大众接受，数字信息资源的增长更是突飞猛进，数字资源在图书馆配置方面的比重越来越大，采集各种数字资源已经成为图书馆资源采购的关键部分。由于历史原因，数字资源一般比较昂贵，因此如何配置数字资源，如何选择数字资源尤为重要。

（一）采集流程

图书馆数字信息资源配置一般指电子书、电子期刊和数据库的采集。无论是电子书、电子期刊还是数据库，都是由专门的出版社或数据库商进行商业开发，由他们向图书馆提出试用，经过一定的程序和流程，最后确定是否采集。

1. 调研与选择

首先要调查读者对数字资源的需求程度。其次，根据学科设置、学科水平和重要程度综合考虑，保证学科数字资源的均衡，全面考察现有数据库对本校和本馆的知识支撑和学科帮助。

数字资源的选择有其特殊性，因为数字资源除了具有传统文献资源的特点之外，还有其自身的规律。因此，在选择数字资源的过程中，还要把握以下原则：互补性原则、时效性原则、易得性原则。除此之外，选择数字资源还要有一定的评价标准，即数字资源的内容、利用率、类型以及数字资源出版商的信誉等。

2. 试用与评价

试用：数字资源不同于纸本资源的特征就是具有虚拟性，只有在试用过程中才能感受到它的作用，一般要联系数据库商或者数据库代理商试用数据库。数据库商或数据库代理商同意试用后，图书馆要做好数据库试用的宣传和统计工作。宣传工作能让更多的用户获得数据库的试用消息，从而使得数据库试用统计能客观反映用户对数据库的欢迎程度。试用统计是最能反映数据库受欢迎程度和应用范围的手段，可以为是否购买某数据库决策提供参考依据。

数据库评估：数据库价格较贵，一般一种数据库的价格可占图书馆采购经费的三分之一或一半以上，因此数据库的配置必须慎之又慎。最简便易行的办法是委托DRAA（高校图书馆数字资源采购联盟）评价，在DRAA官网主页上有评价中心。评价中心根据数据库评价指标进行客观评价，还提供用户的使用反馈，这些都可以作为评价依据，当然更重要的是本馆用户的使用情况和反馈。对数据库的分析和评价一般从四个方面考虑，即资源收录的内容、数据库检索功能、资源联结方式、试用反馈情况。

3. 订购与验收

经过选择、试用、评价分析以后，确定某数据库是本单位确实需要购买的数据库，接下来就可以和数据库商就价格、服务要求等进行谈判，然后签订合同、汇款，到财务部门报销。最后，由技术部负责安装维护，开通供用户使用。

（二）数字资源的采集途径

1. 集团采购

集团采购是指两个或两个以上的图书馆由于各种共同的条件或特点（共同的目的、共同的兴趣、共同的需求），或者由于地理上的近便等，为了实现资源共享、利益互惠的目的，遵循集团协议参与同商业数据库的谈判（外商为主），联合购买数字信息资源或联合获得数字信息资源的采购方式。这种方式已成为大学及研究图书馆采购数字信息资源的主要模式。

2. 单独采购

顾名思义，就是单个图书馆独自采购所需的数字信息资源。单独采购的一般都是价格不太昂贵的数字信息资源，但就数字信息资源采购单位而言，一个数据库要比一种期刊或一本书贵很多，而且，所购买的数据库一般没有拥有权，只有获取资源权，一旦停购，就失去所有的资料。因此，一定要谨慎行事，从多方面进行考虑。比较好的做法是成立跨部门数据库采购小组，这样既能掌握数据库试用的情况，了解数据库是否符合本单位用户的需求，又能发挥各部门的优势，做好数据库的采购工作。

3. 捆绑采购

捆绑采购是指采购的信息产品不能单一购入，必须和其他的信息产品一同购入。这是商家为了推销某些信息产品，扩大赢利空间而采取的一种营销手段。在这种情形下，如果图书馆的文献信息购置费有一定的保障，从用户的需要和数据库的价格方面考虑，图书馆一般会接受这种采购方式，而商家同时售出纸本期刊和数据库，也赢取了更多的利润。

四、网络信息资源的采集

网络信息资源采集是图书馆信息资源配置的有益补充。网络信息资源一般指不需要图书馆花钱采购且没有知识产权争议的互联网信息资源。网络信息资源数量庞大，增长迅速，内容丰富，但是系统性、规范性差，质量良莠不齐。网络信息资源依靠互联网技术，天然具有传输速度快、共享程度高、使用成本低的优点，缺点则是严重依赖网络生存，变化不定，真实性和科学性有待于进一步考察。尽管如此，网络信息资源的存在毕竟为我们丰富馆藏资源打开了另一扇大门。通过网络采集、存储、序化信息，实现一站式检索，既丰富了馆藏资源，又为图书馆节约了采购经费。

（一）网络信息资源采集的标准

对图书馆来说，散落于互联网上的信息资源是海量的，而且每时每刻都在增长，但信息资源的质量不好把控，如何充分利用网络信息资源是每一个图书馆都要面临的问题。因此，制定网络信息资源采集标准势在必行。如果有了一定的标准，并且按照这个标准选择信息资源，就能事半功倍，否则就无从下手，即使采集完毕，是否能用也不得而知。另外，采集标准也利于后期的资源组织和读者利用。现在还没有很权威的通用标准，但是多数都比较赞同按照美国加利福尼亚洛杉矶大学提出的标准，判定网络信息资源。这三项准则如下。

权威性和正确性：考察网页上的信息提供者或作者的身份背景、学科背景及资历，以及在此学科方面的权威性如何；是否提供一种查证渠道，可以验证网页上所提供的信息的真实性和权威性。

观点立场和客观性：考察网页的作者所提供的信息是事实，还是个人主观意见或者是违背常理的谬论；考察网页上的信息提供者或作者所提供的论点或意见，是以中立者的角度客观叙述，还是以主观者的角度在评论。

时效和范围：考察网页信息内容是不是最新的，有没有把更新日期标示出来，内容是否实时更新或定期更新；考察网页内容是否涵盖了主要的范围，与主题相关的资料是否完备。

（二）图书馆网络信息资源采集的途径

1. 专业网站和专业门户网站

专业网站提供了大量的专业论文和数据，学术性强，专业化程度高，最适合科研人员使用，图书馆可以在自己的主页上链接这些网站，帮助科研人员找到有价值的国内外学术研究的网站。

2. 搜索引擎

搜索引擎是最常用的搜索相关信息的工具，外文的常用搜索引擎主要有 Google、Yahoo 等，中文的搜索引擎有百度、搜狐等。使用搜索引擎可采用两种方法：一是利用关键词检索，二是通过学科分类体系查找。除了一般的搜索引擎，还有其他网络检索工具，比如 Ftp 类检索工具、Gopher 类检索工具和 WAIS 类检索工具等。这些都能帮助用户更好地搜寻信息资源。

3. 学术数据库

学术数据库的服务对象是高校和研究机构，既有收费的学术数据库，还有免费的学术数据库。

4. 共享文库

共享文库也是我们搜索网络资源的重要渠道。

5. 浏览器交互式工具

可以通过浏览器查询访问网页资源。因为大多数的网络信息资源都是基于WWW的web模式,所以通过浏览器查找信息资源更为便捷。除了网页资源,还有一些交互式信息资源存在于网络上,这些信息往往存在于BBS、博客、电子邮件、QQ、微信中,这些非正式的讨论话题和跟帖,也对我们的学术研究具有启发意义。

第四章
图书馆信息资源共建共享

第一节　信息资源共建共享的基本认识

在新的时代背景中，图书馆特别是公共图书馆的内涵发生了巨大的变化。传统公共图书馆的界定标准主要侧重于公共图书馆投资主体及其服务方式，将公共图书馆的范畴仅局限于那些由国家或政府投资，免费提供文献信息服务的公益机构。这种概念界定将兴办主体多元化和经营模式多样化的民办图书馆排除在公共图书馆体系之外，从而与由关注"机构"的公共图书馆制度向关注"服务"的公共文化信息服务制度转变这一转型方向有所冲突。因此，在制度转型背景下，对公共图书馆概念进行重新定位，进一步完善我国公共图书馆制度，为人们提供更广泛的文献信息服务，具有非常重要的现实意义。

一、传统图书馆概念解析

公共图书馆的出现源于近代人类社会文明和图书馆事业的发展。多年前，普勒对公共图书馆做过经典的概念描述："公共图书馆是依据国家法律建立的，是受地方税收支持的，是属于公共信息管理的，每一位维护这个城市的市民都有平等地享有它与流通服务的权利。"纵观国内，最具代表性的公共图书馆的定义是，"在我国，公共图书馆是指国家举办的，面向社会公开开放的图书馆。它是社会主义教育、科学、文化事业的重要组成部分。包括各级地方政府的文化主管部门管辖的图书馆，如省（直辖市、自治区）图书馆、县（市、区）图书馆以及儿童图书馆"。根据上述公共图书馆概念的论述，可将公共图书馆概念内涵划为以下几部分：一是公共图书馆承办主体是国家或地方政府；二是经费来源是国家或政府；三是服务对象为社会公众；四是服务方式为主要向广大人民群众免费提供服务。从中透露出公共图书馆的本质为：国家或政府投资举办的，向公众提供免费文献信息服务的社会公益机构。外延是对事物范围的反映，通过对公共图书馆概念内涵的解析，公共图书馆的外延可以总结为由国家投资兴办面向社会和公众开放的公益信息服务机构，主要包括：国家图书馆，省（自治区、直辖市）图书馆，地区、市、州、盟等行政区图书馆，县图书馆，乡镇图书馆，街道、社区图书馆，少儿图书馆等。

（一）图书馆概念内涵的重新界定

虽然公共图书馆概念存在多种说法，但共同强调了公共图书馆是一个"公益性机构"。而一个具有公益服务性质的"机构"，则常常要涉及投资主体、服务的有偿与否等比较实际的问题。

首先，根据传统的公共图书馆概念，政府是公共图书馆发展投资的主体。这种单一性的供给关系使得非公社会资本的配置缺乏足够的激励，并在一定程度上限制了公共图书馆投资主体的范围。多元化投资主体的民办图书馆的出现，给公共图书馆事业的发展带来了活力，丰富了公共图书馆为大众提供的服务。但是由于公共图书馆原有概念以及体制的限制，民办图书馆无法真正归入公共图书馆的体系当中，原本缺乏活力的公共图书馆体系始终得不到新鲜的血液，限制了中国公共图书馆事业的发展。因此，需要重新界定公共图书馆的概念，从而融入多种图书馆投资主体，以适应新的发展，保证有限的社会资源得以优化配置，为公共图书馆构建投资主体多元化的投资新体系。

其次，原有的公共图书馆概念明确指出了公共图书馆的公益性质与提供信息服务的职能。目前，公共图书馆的服务体系并不健全，一些公共图书馆受"公益性质"以及经费等原因的限制，缺乏主动性、多样化的信息服务，这在一定程度上制约了公共图书馆服务的发展。

公共图书馆作为一个公益性的服务机构，服务是否应有偿常常被业界人士探讨。我们认为，公共图书馆是否产业化的问题可以暂且不必深究。既然公共图书馆是文献信息交流的中介，对公共图书馆概念的界定就不应把重点放在其公益与否的性质上，而应该从其是否能提供满足广大公众的信息服务要求这一职能入手。只要面向社会提供图书馆服务的机构，都应当是公共图书馆的一部分。

此外，计算机网络环境的不断发展，也使公共图书馆的内涵随之发生改变。网络搜索引擎对信息资源的处理和服务水平的不断提高，给人们带来了越来越多便利的信息服务。像Google和百度等主要搜索引擎甚至开始逐步对多个高校图书馆的馆藏文献进行数字化，并通过网络为广大读者提供各种图书信息的服务，在一定形态上具备了一些公共图书馆的功能。因此，从某种意义上说，网络文献信息服务机制也应该成为公共图书馆服务体系中的重要组成部分，公共图书馆体系不应该只包括为公众提供服务的图书馆实体，也不应该将那些为公众提供文献信息服务的搜索引擎等虚拟网络工具排除在外。所以，原有公共图书馆概念内涵中对实体"机构"的侧重也必然会被逐渐平衡。

在此我们可将公共图书馆概念内涵改为收藏、保存丰富的文献信息资源，公开向公众提供信息和知识服务的社会机制。

总之，将国家投资承办的公益性信息服务机构作为公共图书馆的内涵，已不能很好地促进公共图书馆体系的发展与完善，无法促使公共图书馆建立更为良好的读者服务系统。笔者认为公共图书馆应突破"机构"的限制，专注于公众的文献信息需求，将自身的内涵重新定位成为公众提供信息服务的机制，这必将会使公共图书馆体系不再局限于投资主体与服务的有偿性等问题，从而为公共图书馆发掘更为广阔的发展空间，使其专心地向公众提供多样化的信息服务。

（二）图书馆概念外延的拓展

外延是对事物范围的反映，概念的内涵规定了概念的外延。在公共图书馆制度转型背景下，笔者对公共图书馆概念内涵进行了重新调整，即将国家投资承办的公益性机构概念内涵定位调整为向公众提供信息服务的机制。现阶段公共图书馆体系需要有所变化，应该将更多符合公共图书馆概念内涵的服务机制，纳入公共图书馆范畴之中，使公共图书馆事业走上繁荣发展之路。《日本图书馆法》第28条中明确指出，"公共图书馆分公立图书馆与私立图书馆"。这种多元化的服务体系，具有较强适应力，能够满足更广大人民群众的文化信息需求。这是值得我们借鉴的。

政府投资举办的公共图书馆是社会图书馆服务的主体，由民间社会力量出资举办的民办图书馆，是开放地向社会公众提供信息资源借阅等图书馆服务的机构，是公共图书馆服务的补充形式。同时，为公众公开提供信息服务的网络搜索引擎，是公共图书馆发展的新形式。

因此，为社会公众提供服务的民办图书馆及网络搜索引擎，作为公共图书馆服务空白领域的补充形式，也应归入公共图书馆体系框架之中。

在公共图书馆多元化制度转型趋势下，在公共图书馆的概念进行重新定位之后，民办图书馆得以融入公共图书馆体系中，从而构建了公共图书馆的多元服务体系。

由于公共图书馆是现代图书馆的代表，它代表了现代图书馆追求文化权利与精神权利的开放、自由、平等的崇高精神，公共图书馆内涵的变化无疑会对其他类型的图书馆产生深远的影响。特别是在共建共享的历史背景下，高校图书馆和科研系统图书馆也逐渐向社会开放，图书馆类型之分逐渐淡化。因此，信息资源共建共享的主体不但是图书馆，而且是包括公共图书馆、高校图书馆、科研系统图书馆在内的各种类型的图书馆，以及各种"收藏、保存丰富的文献信息资源，公开向公众提供信息和知识服务的社会机制"。

二、共建共享客体

（一）传统信息资源共建共享的客体

1. 图书

指狭义的图书，包括印本书和写本书两种基本形态，这是目前最主要的信息资源。图书的内容特征是主题突出，知识系统全面，是人们学习各学科基础知识和查找各种事实、数据、资料来源与出处等知识的主要源泉。

2. 连续出版物

这是一种具有统一名称、固定版式、统一开本、连续编号，汇集多位著者的多篇著述，定期或者不定期编辑发行的出版物。通常，连续出版物又可分为期刊、报纸、年度出版物、报告丛刊、会议录丛刊等类型，其中以期刊和报纸流行最广，影响最大。

3. 特种文献

主要指出版形式比较特殊的科技文献资料。它通常介于图书与期刊之间，内容广泛新颖，类型复杂多样，出版发行无统一规律，但具有重要的科技价值。通常，特种文献主要包括科技报告、专利文献、标准文献、会议文献、学位论文、政府出版物、产品资料等几种类型。

4. 非书资料

也称非印刷型资料，是指不按照传统的印刷方式而利用现代技术方法，将信息记录和贮存在除纸张以外的其他物质载体上的一切文献。非书资料主要有缩微资料、视听资料、机读资料等类型。

（二）网络环境下信息资源共建共享的客体

随着现代科学技术的发展，新型的信息资源的载体出现并迅速占据了信息资源的舞台，那就是网络。由此，以数字化形式存在的网络信息资源成为信息资源共建共享的客体。网络信息资源是指以电子数据的形式将文字、图像、声音、动画等多种形式的信息存储在光、磁等非纸质载体中，并通过网络和计算机等方式再现出来的信息资源。

网络数字信息资源内容丰富、种类繁多、包罗万象，覆盖了不同学科、不同领域、不同语言，既有学术重要信息，也有商业、娱乐信息，同时还有大量的广告信息，这些特点给图书馆信息资源共建共享带来了新的机会和挑战，如今任何图书馆都不可能忽视网络数字信息资源的采集与利用。

三、共建共享过程

由于不同主体在信息资源共建共享过程中，会采取不同的机制、模式和方法技术，因此信息资源共建共享的程序是不尽相同的。但从逻辑上讲，任何主体就共建共享行为所形成的共建共享过程都会遵循一个大致的脉络，所以，所有信息资源的共建共享都可以抽象出如下过程，即：信息资源的共同选择—信息资源的共同建设（补充）—信息资源的共同组织（揭示、保存等）—信息资源的共同利用（服务，包括代查代借、馆际传递、网络资源的传输等）。

四、信息资源共建共享价值观

价值观是一个使用广泛的概念，哲学、社会学、政治学、经济学、教育学、美学、心理学等领域都有理论、经验或实证的研究。普遍认为，价值观是有关价值和价值关系的观念系统，是实践主体以自身的需要为尺度，对客体的重要性的认识。价值观直接影响人类行为，最首要的表现是影响人类行为目标的设定，因此，讨论信息资源共建共享的目标，必须理解信息资源共建共享这一人类行为在哲学层次的精神诉求，即价值观问题。

在知识经济条件下，生产力的形成和发展呈现出知识—技术—生产这样的内在逻辑，在经济增长中，科技进步的贡献率上升到首位，知识和信息成为生产力提升和社会发展的最重要因素，在这样的背景下，信息共享的理念逐渐深入人心，信息共享的实践也逐渐走向深入。"两个人交换各自手中的苹果，结果还是每人一个苹果；两个人交换各自的思想，结果每人拥有了两种思想。"爱尔兰剧作家萧伯纳在半个世纪前用朴素而又深刻的语言描述了他的知识共享价值观。然而，这仅是萧伯纳个人的信息共享价值观。信息共享价值观的形成，既取决于实践主体的知识价值观，也取决于实践主体对于共享过程的重要性的理解和把握。信息是什么？信息在共享的过程中是增值了还是贬值了？从不同的角度考虑萧伯纳的"思想交换"，我们不禁要问：两个人交换一种思想，真的就变成两种思想了吗？交换后的思想价值是否还能保持呢？在交换中，我们到底是共享思想本身，还是共享交换的过程？对这些问题的不同解答蕴含着不同的知识共享价值观。

（一）信息共享是信息的增值

萧伯纳的"思想、交换"是这种价值观的典型体现，共享的结果是享有者与分享者都拥有了价值如初的信息，信息的价值总是随着共享主体的增加而成倍地增加。这种与工业经济相对应的"工具论"信息共享价值观，认为信息本身并不存在价值，只是用来获取价值的工具，信息共享也被认为是获取信息这种"工具"的手段。弗朗西斯·培根应该是这种价值观的代表人物，他的名言"知识就是力量"非常确切地表达了这种价值观的思想精髓，即以功利为主导。

这种信息共享价值观一方面受"工具论"价值观的影响，另一方面也源于对信息特征的认识。北京大学经济学院的蒋景媛在《知识的特征及将其纳入生产函数的方法》一文中提出了信息的两条社会属性和四条自然属性。她认为："知识不会随着消费过程的进行而减少或消失"。由于消费含义的广泛性，我们可以将这一命题理解为：知识也不会随着交换、转移或共享过程的进行而减少或消失。这一理解在图书情报领域更被概括为"知识（或信息）的可共享性与可再生性"。蒋景媛同时认为：知识具有互补性，因而能够带来收益递增。知识的互补性指的是，相对于单独运用来说，不同知识的联合使用会带来更高的经济收益，即"1+1>2"。这种互补性体现在两个方面：一是沿时间的互补性，即就同一主体来说，尚未获得的信息与已经获得的信息之间具有互补关系；二是沿空间的互补性，即就不同主体而言，他们各自所积累起来的信息之间可以交流，从而形成互补关系。这种互补性的存在不但会降低知识（信息）本身的学习成本，对于经济活动来说，随着产品总量的增加，信息运用的互补性还会降低产品的平均成本，从而实现收益递增。

在信息经济中，以人与自然之间、人与人之间的和谐为价值目的的发展观（即通常所称的可持续发展观）成为主导的价值观，"共享"从某种意义上很好地暗合了"和谐"的价值要求，同时，既然共享能够带来"1+1>2"的效益，那么对最大效益的追求使共享成为信息经济学中诠释信息价值的最佳方式。因此，"信息共享是信息的增值"这一价值观，成为信息共享价值观的主流。在图书情报事业中，强调信息资源共建共享，强调信息资源配置，追求信息资源共建单位之间那种"1+1>2"的联合收益，这些建设实践成为"信息共享就是信息增值"这一价值观的最好体现。

（二）信息共享是资本的置换

尽管成为信息共享价值观的主流，但"信息共享就是信息的增值"这一命题却受到了两方面逻辑的拷问，这其中蕴含着一种更深层次的信息共享价值观。

第一，信息的增值真的是由共享带来的吗？

自然界所遵循的"物质—能量"守恒定律，其实在社会科学领域也是一条铁律。乔治·巴塔耶在《普遍经济论》一书中提出："经济取决于地球上的能量循环"。面对信息共享过程似乎是"平白无故"而来的价值增长，我们必须深究增长背后的根源。以图书情报领域为例，传统的信息资源共享以馆际互借为主要方式，一个信息单元在被共享的过程中，要负担复制、传递所产生的新增成本，信息共享所带来的收益与这些新增成本相比甚至会入不敷出，这也是在传统条件下图书情报领域的信息资源共享不能落到实处的根本原因。由此可见，所谓"增长的价值"实际上是成本增加的结果。在新技术条件下同样如此：当我们沉浸于网络环境下信息共享带来的价值增值的喜悦之中时，我们可曾计算过为这所谓的"信息增值"投入了多大的信息技术、信息设备成本？狂热之后，越来越多的研究者开始研究IT投资的效益评估问题。而研究结论往往是，IT投资不足以带来预期的效益。那么，基于IT投资的信息共享也必然无法带来预期的"信息增值"。

更重要的是，在信息共享过程中，除了增加上述的"硬成本"之外，还必须增加另外一种投入，即劳动力成本。无论是共享的组织管理，还是共享过程的具体实施，都需要一定的劳动力资本投入。在评估共享效益时，这是不得不考虑的一个因素。如果在计算了新增"硬成本"之后，共享后的信息仍表现出一定的价值增值，那么就不能无视劳动力成本的投入。在价值理论中，"要素价值论"认为各生产要素都是价值的源泉，因此分配的原则应该是按生产要素进行分配。与之相比，马克思主义政治经济学中的"劳动价值论"显然更符合逻辑，"劳动价值论"认为劳动是一切商品价值的唯一来源,当然也是信息产品价值的唯一来源。"劳动价值论"对"要素价值论"的重要论据——科学技术是第一生产力也有着重要解释:"随着大工业的发展,现实财富的创造较少地取决于劳动时间和已耗费的劳动量,较多地取决于在劳动时间内所运用的动因力量,而这种动因自身又和生产它们所花费的直接劳动时间不成比例,相反地却取决于一般的科学水平和技术进步,或者说取决于科学在生产上的运用。"这一论述对价值与劳动时间不成比例的问题做了分析,是对知识经济条件下"劳动价值论"的科学阐释。因此,即使在共享过程中信息真的实现了增值,那么增值的源泉也不是共享过程本身,而是共享过程中投入的新增的资金、设备和巨大的劳动力成本,也就是说,共享所表现出来的信息增值实质上是知识(信息)资本的一种转移或置换。

第二,信息共享真的能够带来信息的增值吗?

"信息共享能够带来信息的增值",该命题的逻辑基础是上述的"信息不会随着消费、交换、转移或者共享过程的进行而减少或者消失"。既然在共享中不会减少,那么信息主体的增加就意味着信息总量的增加。在实践中,有时通过简单的复制或转换就实现了信息的共享,这似乎也说明信息增值并非都与共享过程中的新增成本有关。此时,第二个问题就摆在我们的面前:信息总量的增加等于信息价值的增加吗?

1948年,《通信的数学理论》中认为"信息是用来减少随机不定性的东西",并推导出信息测度的数学公式。根据香农的理论,信息能够减少随机不定性的程度越高,信息量就越大。换言之,一条信息传播得越广泛,其单位价值就越小。所以,信息被越多的人所掌握,那么每个人所拥有的信息的价值就越小。为此，信息的拥有者总是尽量维护自己对信息权力的垄断，以保证自身信息价值的最大化，知识产权保护制度也正是适应这样一种需要而产生的。当然，在市场不饱和的情况下，对信息这种生产要素的适度共享可能带来联合收益的增加，但一旦市场占有率达到一定的规模，信息共享就不可能带来新增价值。如果把信息视为一种生产要素，并试图利用它在市场经营中获利，那么就必须尽量独占这种生产要素以保持它的最大价值，而这显然是和共享的理念相违背的。

综合对上述两个问题的回答，"资本置换"论的共享价值观认为，信息共享只会带来信息总量的增加，却不会带来信息价值的增加，如果在信息共享过程中产生了新增价值，其根源也在于共享过程中增加了新的成本，特别是增加了能够带来剩余价值的劳动成本。从这个意义上讲，信息共享本身不能使信息增值，只是"支付/投资"的一种特殊形式，信息共享的本质是信息资本的一种转移与置换。

五、信息共享是价值的共享

既然信息共享不会使信息增值，那么为什么还要大力倡导信息共享呢？信息共享追求的目标是什么呢？

其实，无论是信息增值论的共享价值观，还是资本置换论的共享价值观，其哲学基础都是工具信息观，都是将信息视为创造价值的工具而不是价值本身。持这种价值观的人习惯思考"信息能为我带来什么""信息共享能为我带来什么"等诸如此类的问题，换句话说，如果信息和信息共享不能创造价值和财富，那么工具信息观持有者会毫不犹豫地放弃对信息的追求。

与工具信息观相对，纯粹知识观是一种古典的、理想主义的知识观。在这种观点看来，知识仅仅同发现真理有关，知识（信息）本身就是目的。其发现真理和观照真理的行动指南蕴涵的是人文精神关怀。一方面，追求纯粹的知识（信息）源于人的理智本性；另一方面，知识（信息）的发现和对知识（信息）的观照会调动我们原本压抑的美好情操，使人格得到净化，境界得到提升。因此这种信息价值观所倡导的是精神意义上的价值，关心的是心灵的安顿，而不考虑任何实用的目的。纯粹信息观一般不把信息概括为"力量""生产力"等其他的概念，而强调信息就是知识，或信息就是价值本身。纯粹信息观持有者并不追求"书中自有黄金屋，书中自有颜如玉"，而是追求"朝闻道，夕死可矣"。

中国传统哲学中也蕴涵了这种纯粹的信息观，中国传统哲学源远流长，以儒家为主流，汇入道、释、法、墨等各家之长，形成了独特的以寻求人际关系稳定为目的的有序、和谐的社会——人文哲学，也形成了对待信息的两种价值倾向：其一是限知倾向，即把信息的价值仅仅局限于人与人以及个人与社会关系的范围内，强调人在道德方面的修养及人格的完善，注重为人治国的道理等；其二是抑知倾向，即在人与自然的关系上，强调顺从自然，认为能使天人关系达到和谐的信息是有价值的。在特定的历史条件下，传统信息价值观对于中国社会的发展产生了一定的积极影响，传统信息价值观对于民众道德风俗的淳朴化、古朴化、敦厚化起了重要作用，熔铸了中华民族团结互助、协调发展的精神，从而确保了社会的稳定、统一、有序。虽然"信息共享"的价值观似乎与信息经济的时代背景格格不入，但如果对我国传统的信息观有所理解就会发现，这种价值观其实恰好适应了构建和谐社会的要求。以这种信息观为基础的共享价值观，根本不去考虑共享过程中信息是升值还是贬值，而是单纯强调共享信息就是共享价值，就是共享快乐。

  无论哲学基础还是价值取向，三种信息共享价值观都完全不同。但三种价值观作用于行为主体，却映射出同一种行为指向，即：对"信息共享"是推崇而不是抑制。首先，信息增值论的共享价值观对信息共享实践的强烈要求是不容质疑的，通过信息共享获得更大的信息价值，不仅是信息增值论价值观的强烈诉求，而且也符合信息经济的生产力和生产关系特征。理解起来令人颇费心智的是，第二种共享价值观即资本置换论的共享价值观为什么也会提倡信息共享呢？按照一般的逻辑，既然信息共享只是信息资本的置换或转移而并不能带来信息的增值，那信息共享的动力就不存在了。但问题的关键在于，在信息共享过程中，信息资本的置换并不仅仅表现在共享系统的内部，虽然系统内部的信息价值并不增长，但共享系统却通过共享达到对信息这种生产要素的合理配置，从而取得对共享系统外部的竞争优势。至于价值共享论的共享价值观对信息共享实践的追求，非常容易理解但目前却很难在现实中得到应有的尊重。在信息经济的背景下，任何的组织和个人的行为实践如果不能和经济效益挂起钩来，似乎都太过清高脱俗，但如果我们能很好地检视信息共享事业的实践——从充满无限热情到逐渐变得理智和冷静，再到焕发出新的热情，三种共享价值观在其中所起的作用便会一目了然。虽然价值共享论在目前还显得十分特立独行，如果能还原人类对信息最朴素的追求，能够更多地从人文关怀的视角去理解和把握信息共享实践，"信息共享就是价值共享"

这一信息共享价值观就会逐渐地深入人心。

至目前为止，信息增值论价值观仍然是信息共享价值观的主流，也仍然是确立图书馆信息资源共建共享的价值论基础。图书馆信息资源共建共享在很长的一段时期内，都会以追求最大的经济效益和社会效益为方向。

六、图书馆信息资源共建共享的目标

在改造自然和社会的过程中，人类设定了许多目标，其中最长远的目标就是人类的理想，人类社会的历史是由无数社会理想积累的历史，实现信息资源共享也是人类最伟大的社会理想之一。理想，作为人类特有的一种精神现象，一直受到古今中外思想家的热情关注，他们从不同的角度对理想概念提出了自己的界定。由此，我们可以大致归纳出理想的含义：理想是一种想象，一种观念构思，表达着对于美好未来状态的向往和追求，是人类意识中具有超前性、建构性、期待性和规范性的部分；理想不是空想和幻想，它是对现实的扬弃，是以概括现实生活中一切有生命和发展前途的东西为基础的，通过实践能够实现；理想作为一种指向远景的想象，属于理性认识范畴，它反映的内容是客观事物的发展趋势和最终归宿。而目标，是实现理想道路上的一个又一个坐标。

如今，信息资源共享的观念逐渐深入人心，对信息资源共享的研究逐渐深化，以计算机和网络为代表的现代信息技术为共享实践提供了强有力的技术支持，共建共享的事业也开展得如火如荼，似乎一切都昭示着我们离信息资源共享的理想越来越近。面对似乎触手可及的信息资源共享目标，也许我们更加需要的是对信息资源共享实践的审视与自省。对社会现实进行理论批判,是理想建构和目标确立的必要准备。从现实情况来看,信息资源共享理论尚不成熟,资源共享机制尚未完善,资源共享的实践在观念、管理、技术、权利等方面存在的诸多问题尚未解决。理想来源于社会实践,反过来又推动着社会实践向前发展。信息资源共享的目标是什么?离我们到底有多远?只有勾勒和描绘出信息资源共享的理想蓝图,信息资源共享事业的实践才能遵循一个明确的行动路线。

（一）"5A"目标及肖氏目标

程焕文、潘燕桃在2004年出版的《信息资源共享》一书,第一次将信息资源共享的最终目标概括为:"任何用户（Any user）在任何时候（Any time）、任何地点（Any where）,均可以获得任何图书馆（Any library）拥有的任何信息资源（Any information resource）。"此为即"5A"目标或"5A"理论。2005年7月,在武汉大学举办的"中国大学图书馆馆长论坛"上,国内50多所大学的图书馆馆长通过并联合签署了《图书馆合作与信息资源共享武汉宣言》(以下简称《武汉宣言》),将"5A"目标以纲领性文件的形式予以确定。"五个任何"的表述形式说明,"5A"目标包含许多理想化的内容。

《武汉宣言》也清醒地表明:"实现上述目标将是一个漫长的过程""在实现我国信息资源共享目标的过程中,依然存在着诸多障碍,这些障碍既有客观的也有主观的"。很显然,"5A"目标的最终实现还很遥远,但是这种观念构思却能够鼓舞人们朝这个方向努力前行。因此,"5A"目标更像是信息资源共享的理想。陈传夫、肖希明在《凝炼共识　昭示理念　推进合作共享——我们理解的〈图书馆合作与信息资源共享武汉宣言〉》一文中就明确指出，"5A"目标是一种理想的境界，是一个崇高的目标。《信息资源共享》一书也论述道："从图书馆的现实来看，图书馆用户的信息资源需求始终是无限的，而图书馆的信息资源始终是有限的，用有限的资源去满足无限的需求是不可能的。尽管如此，用有限的资源去最大限度地满足无限的需求又是完全可能的。因此，在理论上，信息资源共享又是一种梦寐以求的理想。"

"5A"目标是关于图书馆信息资源共建共享的最早的明确表述，其后，肖希明教授在《信息资源建设》一书中，将图书馆信息资源共建共享目标概括为："依托计算机网络和其他先进信息技术，建立一个集信息资源共建、共知和共享于一体的文献信息服务体系，最大限度地满足读者与用户对文献信息的需求。"这一目标所包含的具体内容是：建设相对完备的文献信息资源保障体系，形成覆盖面宽、利用便捷的书目信息网络，建立迅速高效的文献传递系统。应该说，这一概括包含了图书馆信息资源共建共享中，共建与共享（服务）的主要方面，特别是"建设相对完备的文献信息资源保障体系"这一内容，与肖自力先生在1985年所提出的文献资源共享的宗旨——"提高文献资源保障率"相吻合，因此，很多学者将这种表述称为"肖氏目标"。然而，"5A"目标终究不能作为信息资源共享的理想，肖氏目标也没能概括出信息资源共建共享的主旨追求。

（二）完整的学科拼图

"5A"不符合信息资源共享理想的主体特征。《信息资源共享》一书给信息资源共享所下的定义是："所谓信息资源共享，是指图书馆在自愿、平等、互惠的基础上，通过建立图书馆与图书馆之间和图书馆与其他相关机构之间的各种合作、协作、协调关系，利用各种技术、方法和途径，开展共同揭示、共同建设和共同利用信息资源，以最大限度地满足用户信息资源需求的全部活动"。由此可见，信息资源共享的主体应该是"图书馆与图书馆之间"或"图书馆与其他相关机构之间"，那么，信息资源共享的理想自然也应该围绕这些信息资源建设机构来进行构建，而不是单纯描述图书馆能为用户提供什么样的服务。在实践过程中，许多资源建设单位把信息资源共享理解成信息使用方和信息提供方的共享，混淆了信息资源共享与信息资源服务的概念，错误地把资源共享等同于通过网络向用户提供数字资源服务。因此从这个意义上讲，"5A"目标更应该被当成图书馆用户服务的理想。

肖氏目标，从信息用户的角度出发，强调了信息资源共建共享的重要诉求，即提高文献信息资源的完备程度，却没有从共建共享系统的角度揭示出共建共享过程中建设单位的诉求，即提高文献信息资源的利用效率，以最大程度发挥信息资源不同于其他能源、材料的最大优势——可共享性。

虽然"5A"目标从逻辑上不能作为信息资源共享的理想，但我们却可以从"5A"目标中透视信息资源共享的理想。既然"任何用户在任何时候、任何地点，均可以获得任何图书馆拥有的任何信息资源"，那么对于信息资源建设单位而言，首先要求的就是要"拥有"。这里的"拥有"不是指个体建设单位的"拥有"，而是信息资源共享系统的"拥有"，建设并拥有用户所需的任何资源（理论上是一切资源），应该成为信息资源共享理想的核心内容。但是，上文中的信息"增值论的共享价值观告诉我们，信息共享要追求信息价值的最大化，这就要求不仅追求最大收益，而且要追求最小成本。所以，这就要求共享系统对信息资源的拥有还应该是单一的，即任何一种信息资源在系统内都是独一无二的。因为这种资源只要被共享系统所拥有，不论它存在于哪家建设单位，用户都可以自由获得，这恰好可以体现信息资源的特征和价值，而重复建设是毫无效率的。

因此，避免重复建设不但是信息资源共享的重要原则，而且应该成为共享目标的又一重要内涵。如果失去这一内涵，信息资源共享的目标就会违背信息资源共享的初衷，因而也就失去了信息资源共享的意义。对信息资源共享的目标，可以做出简单的蓝图描绘：共享系统拥有一切信息资源，而且任何信息资源的存在都是唯一的，所有的资源建设单位都可以自由使用信息资源并服务信息用户。对这一理想蓝图的确切表述是：信息资源共享系统合力建设并自由共享完整而不重复的信息资源体系。"不重复建设"这一内涵要求共建共享系统实行科学的学科布局，以此作为实现共享目标的条件，因此这一目标被概括为"完整的学科拼图"。

需要进行说明的是：第一，图书馆建设的目标由许多方面构成，信息资源共建共享目标只是图书馆发展的目标之一，"完整的学科拼图"这一目标只是共建共享在系统中要实现的信息资源状态，并不排斥图书馆在其他方面的发展目标。第二，"完整的学科拼图"是共建共享的一种理想状态，实现这个目标受到各方面因素的制约，需要一个长期的过程甚至永远不能实现，但并不妨碍其成为信息资源共建共享的努力方向。第三，"完整的学科拼图"是共建共享系统的建设目标，不妨碍各个图书馆在此之外设定独立馆等其他目标。

第二节　图书馆信息资源共建共享理论

信息资源的共建共享是一名跨学科综合交叉的科学研究，除了需要信息资源建设理论等作为必备的理论支撑，还需要各种相关理论为共建共享提出各种相应的要求，并提供各方面的参考和指导。

一、相关理论概述

经过调查，与信息资源共建共享相关的理论包括：图书馆学五定律、传统文献信息资源建设理论、存取与拥有理论、资源配置理论、系统论等。其中图书馆学五定律和传统文献信息资源建设理论虽然提出年代相对比较久远，但是对于现在信息资源的建设仍有积极的意义和指导作用。存取与拥有理论、资源配置理论、系统论则为信息资源共建共享机制的构建提供了新的思路和指导策略，促进了信息资源共建共享的有效实施。

上述相关理论是各相关领域学科的学术积淀和理论升华，对这些相关理论的解读，可以帮助我们更好地理解相关理论与信息资源共建共享理论体系特别是与共建共享目标的关系。

（一）图书馆学五定律

印度图书馆学家阮冈纳赞于1931年撰写的《图书馆学五定律》是

一本享誉世界的图书馆学名著，其中提出的图书馆学五定律被国际图书馆界誉为"对我们职业最简明的表述"。

第一定律：书是为了用的。阮冈纳赞认为，图书馆的主要职能不只是收藏和保存图书，更是为了图书得到充分的利用。该定律明确了图书馆的性质和任务，指明了图书馆工作的出发点和目的。

第二定律：每个读者有其书。它要求图书馆的大门应向一切人敞开，而不应该被少数人所垄断，要让每个人都享有利用图书馆的平等权利，真正做到书为每个人服务和每个人都有其书。

第三定律：每本书有其读者。要求能够为每本书找到其合适的读者。

第四定律：节省读者的时间。节省读者的时间就等于节省了社会的金钱，也就是增加了社会的财富。图书馆应该利用多种途径来节省读者的时间。

第五定律：图书馆是一个生长着的有机体。作为一种具有公益性质的机构，图书馆就是由藏书、读者和馆员三个生长着的有机部分构成并发展着的结合体。

（二）传统文献资源建设理论

传统的文献信息资源建设理论经历了从藏书建设、文献资源建设，再到信息资源建设的概念嬗变过程。传统文献信息资源建设理论主要包括中国经典藏书理论、图书馆学五定律、贮存图书馆理论、文献老化理论、零增长理论等。

中国经典藏书理论。我国宋代以后开始形成比较系统的藏书建设理论与方法，尤其以明清时期的私人藏书家的著述影响最大。由于私人藏书家有关藏书建设的理论与方法为其毕生经验之总结，有些也颇有真知灼见，因而备受后世藏书家的尊崇和仿效，甚至被称为经典。如郑樵的《求书之道有八论》和孙庆增的《藏书记要》等。

贮存图书馆理论。所谓贮存图书馆，是指为了解决图书馆收藏空间的紧张状态，削减管理成本，增加图书馆的利用空间和馆藏文献资源的利用率，而设立的专门用于收藏利用率相对较低的文献资源的备用图书馆。

文献老化理论。文献老化是指文献在产生或者出版后，随着"年龄"的增长，由于各种主、客观因素的影响，其内容的价值逐渐降低，导致利用率越来越低的现象。若进一步研究文献老化的各项数据，对指导剔旧和优化馆藏有着非常重要的现实意义。

零增长理论。此理论要求建立一种有限规模的图书馆，即在图书馆达到一个既定的目标（馆藏量、功能等指标）之后，剔除馆藏文献的速度应当等同于购进文献的速度，使得馆藏的最终实际增长速度为零，图书馆收藏的文献总量达到一种相对稳定的状态。

（三）存取与拥有理论

存取与拥有理论是一种图书馆信息资源建设与服务中处理"拥有"馆藏信息资源和"存取"馆外信息资源之间关系的理论。存取与拥有理论起源于1975年美国《图书馆杂志》《图书馆趋势》等学术期刊上关于存取与拥有关系的讨论。1993年，侯得利在《图书馆采访》上发表了《存取与拥有：神话还是现实》，详尽地阐述了存取与拥有理论的发展过程，高度评价了存取与拥有概念的理论意义。这篇论文将存取与拥有理论的讨论引入理论图书馆学的范畴之中，标志着我国对存取与拥有这一理论的讨论正式开始。

综观近些年来关于存取与拥有理论的讨论研究，国内外的专家学者众说纷纭，莫衷一是。一种观点认为存取比拥有更重要，主张应该多一些存取，而少一些拥有，有的甚至认为存取完全可以取代拥有。另一种观点认为拥有与存取同等重要，没有拥有就没有存取，二者不可偏废，只有这样才能够保证信息资源建设与共享的持续健康发展。由于存取已经成为许多图书馆信息资源建设与服务的重要组成部分，所以关于存取与拥有的研究也转向了对信息资源共享问题中信息的有效利用这一问题的研究。

（四）资源配置理论

资源配置理论在现代社会发展中已经成为一种综合性的具有实践指导意义的重要理论。同样，各种资源配置的理论，对于信息资源共建共享也有着重要的参考价值。其中包括：社会福利最大化理论，它认为信息资源作为人类的共同财富，应当不受任何限制地传播和流通，从而实现价值和效益的最大化，之后的帕累托最优和帕累托改进等理论都是在此基础上提出的；资源老化规律理论，是指在文献使用过程中，用"半衰期"来描述文献的老化问题，之后普赖斯引入了普赖斯指数，成为衡量各种知识领域的文献老化的又一指标；最省力法则，它认为在人的信息行为中，总会产生一种以最小努力去获取最大效益的心理倾向；成本效益分析理论，是通过比较某一项目的全部成本和效益评估项目价值的一种方法，以寻求在投资决策上做到以最小的成本来获取最大的收益。

（五）系统论

系统论认为，整体性、关联性、等级结构性、动态平衡性、时序性是所有系统所共有的基本特征。系统论的核心思想是系统的整体观念。系统是由若干要素组成的一个有机整体,它不是各个要素的机械组合或简单相加,各个要素一旦组成系统整体,就具有单个组成要素所不具有的性质和功能,也就是说整体的性质和功能并不等于各个要素的性质和功能的简单叠加,系统的整体功能是各要素在孤立状态下所没有的新特质。同时,每个要素在系统中都处于一定的位置并在这一位置上起着特定的作用,各要素之间相互关联,从而构成一个不可分割的整体,要素是整体中的要素,不能脱离整体孤立地存在。

这五种理论从内容上讲,与图书馆信息资源共建共享理论都有着紧密的联系;从学科领域上讲,与图书馆信息资源共建共享理论既有交叉关系,也有并列关系。

二、相关理论与共建共享目标的关联性分析

完整的学科拼图这一目标为我们描述了一幅信息资源共建共享的理想蓝图:共享系统拥有一切信息资源,而且任何信息资源的存在都是唯一的,所有的资源建设单位都可以自由使用信息资源并服务信息用户。即:信息资源共享系统合力建设并自由共享完整而不重复的信息资源体系。那么,信息资源共建共享的相关理论与其目标之间又有何密切的相关关系呢?

(一)图书馆学五定律与共建共享目标

阮冈纳赞图书馆学五定律用普通平实的语言深刻地揭示了图书馆工作的本质:体现了图书馆以用户为工作中心的精神,一切以用户的需求为工作的出发点,工作的重点转移到了用户身上,以最大限度满

足用户的需求为目的；图书馆是一个发展着的有机体，从传统的藏书楼，到公共图书馆的开架制度、数字图书馆等概念和改革的不断发展，无不体现出每一个发展阶段都是对上一个阶段的继承和发展，又为下一阶段的进步奠定了基础。信息时代知识信息的与日俱增，使得各图书馆独立地为各类用户提供方便快捷的信息服务愈显力不从心；伴随着现代通信技术、计算机网络技术以及自动化、网络化的发展，对于信息资源开发利用的研究进入到一个新的发展阶段。统一筹划、多方位、多渠道、立体化的信息资源共建共享体系的构建，正是图书馆开发和利用信息资源的必由之路，也是解决知识信息剧增与馆藏力不足这一矛盾的重要途径。

1. 书是为了用的

这一定律是实现信息资源共建共享目标的根本立足点。这一定律为图书馆的工作确立了基本原则，并对传统文献的"重藏轻用"思想产生了巨大的冲击，从而改变了传统文献信息的收藏和管理模式，推动了从藏书楼到开放式图书馆的转变。书是为了用的，这是一切图书馆工作开展的最基本前提，目标就是为了书尽其用。如果书仅仅用来收藏而不能够被大众充分利用，那么所收藏的书就失去了原有的价值和意义，图书馆的存在也就没有意义了。这一定律不仅阐明了图书馆的性质和任务，而且指明了图书馆工作的出发点和目的。把图书馆的工作职能从保存和收藏图书转换到对图书的充分开发和利用，真正体现了图书馆的社会价值，同时也为图书馆的存在和未来发展奠定了基础。

随着科学技术的进步，书的内涵也有了新的扩展和延伸，包括各种各样丰富的数字化和网络化的资源。信息资源充分利用的前提是对信息资源进行一系列的收集、整理和加工。俗话说"巧妇难为无米之炊",信息资源只有被收集起来才能够被人们所利用,而为了信息资源能够被更加充分地利用,就需要对收集来的杂乱的信息资源进行整理和加工。信息资源的可复制性和打破了时间和空间障碍的传递方式,使得信息资源的建设有了新的模式,即信息资源的共建共享。这就要求图书馆与图书馆之间或图书馆与相关机构之间展开合作,共同建设具有完整性和系统性的信息资源库。信息资源共建共享的目的正是使信息资源的利用率最大化,从而更加有效地对各种信息资源进行系统化的整合和配置,达到最优的完整性馆藏。

如果信息资源的共建共享不是为了所共建的信息资源得到充分利用,那么信息资源的共享以及为用户提供各种信息服务也就无从开展,信息资源也就失去了存在的价值和意义。信息资源共建共享的目标就是要使所有资源建设单位都可以自由地使用信息资源,正是为了信息资源能够被更充分的"藏以致用",信息资源共建共享理念才得以产生。

2.每个读者有其书、每本书有其读者、节省读者的时间

这三条定律是实现信息资源共建共享目标的要求。这三个定律的提出,打破了书为特定少数人之用这一不平等的旧观念,要求图书馆的大门向所有人敞开,无论社会地位、性别、年龄、健康状况、居住地区,所有人都享有利用图书馆的平等权利。

每个读者有其书是从用户的角度强调馆藏的广泛性和多样性,而每本书有其读者则是从馆藏角度来强调馆藏资源的利用率。这看似矛盾的一对定律,却正是给图书馆的信息资源建设提出的要求:既要满足用户对馆藏信息特色和针对性的要求又要保证信息的综合性和多样性。

| 第四章　图书馆信息资源共建共享 |

阮冈纳赞曾在此基础上提出实施"开架制度",这在一定程度上保证了各种用户对信息的需求和利用。随着计算机和网络的出现,信息资源开始向数字化和网络化转变。网络的价值就在于可以通过交织错综的通道传递信息资源,彻底改变了传统的信息获取方式,它通过信息资源的数字化存储和通信网络的连接,突破时间和空间等客观障碍,帮助用户随时随地获得所需的信息资源。同时信息技术的发展导致信息资源无论从形式上还是数量上都呈现出与日俱增的态势,也使得单个图书馆孤立地为各类用户提供方便快捷的信息服务愈显力不从心。因此,各个图书馆和相关机构之间加强合作,对信息资源进行统筹规划、科学合理地共建共享,正是解决这一矛盾的重要途径。在信息资源共建共享的过程中仍需要考虑信息需求和利用率之间的关系。信息资源共建共享的完整性原则要求要注重文献信息资源的完整性,强调以整体的信息资源建设来实现对信息资源的完备保障,以满足社会的信息需求。在信息资源共建共享目标中,设想此共建共享系统中拥有一切信息资源,且任何信息资源的存在都是唯一的,这就使得信息资源的利用率达到了最大化,同时又避免了信息资源重复建设和浪费。

　　信息资源共享的最终目的是所有的资源建设单位都可以自由使用信息资源并服务信息用户。为了信息资源共建共享的所有参建单位最终都能够"自由使用",信息资源的共建共享更应该注重效率,而信息资源共建共享的效率源泉是共建单位之间的联合。首先,信息资源具有的可以反复利用、复制、传递和再生的可共享特性,为信息资源共建共享提供了实现的可能性。其次,信息资源服务的本质是信息服务,信息资源配置打破了时间和空间的限制。那么在信息资源共建共享单位之间达到一种组织协调和共享机制的平衡，实现信息服务效率的最大化，最直接突出的表现就是"节省用户的时间"。

所以，如果说信息资源是为了用的，那么信息资源共建共享这一目标的实现则要求信息资源得到更充分的利用，并且要使得信息资源能够被用户自由获取。可以说，这三则定律正是对实现信息资源共建共享目标所提出的要求。

3. 图书馆是一个生长着的有机体

这一定律体现了信息资源共建共享目标的实现需要一个发展过程。图书馆中生长着的有机体的主要组成是图书、读者和工作人员。在信息环境下，图书被信息资源所代替，信息资源的建设作为图书馆一切工作开展的前提，同样也是一个生长并发展的有机体。要使信息资源共享系统合力建设并自由共享完整而不重复的信息资源体系这一目标得以实现，就需要各参建机构和单位能够以系统布局和科学规划为出发点，加强共建共享系统的各个组成部分之间的系统性建设，并且还需要保证信息资源能够持续不断地流动和传递，实现信息资源的转换、交流、兼容，以保证不同专业系统资源的通畅共享。

图书馆的基本矛盾已经由"藏与用"转向了"需求与利用"。作为有机体生长点之一的信息资源，最突出的问题就是需求的无限性与馆藏的有限性之间的矛盾。信息资源共建共享正是解决上述矛盾的最佳方式，即达到一种理想的状态：共享系统拥有一切信息资源，而且任何信息资源的存在都是唯一的，所有的资源建设单位都可以自由使用信息资源并服务信息用户。所以，信息资源共建共享系统就应该是一个能够适应社会发展而不断生长发展的、有着强大生命力的有机体。

（二）传统文献资源建设理论与共建共享目标

虽然传统信息资源建设理论对于新环境下的信息资源共建共享有一定的约束性和局限性，但在进行共建共享的过程中仍需要与传统信息建设理论体系保持一致性。传统的信息资源建设理论经历了"藏书补充""藏书采访""藏书建设""文献资源建设"和"信息资源建设"等发展阶段，从传统资源到新型资源、从微观建设到宏观建设，整个理论体系也随着图书馆建设和研究的不断丰富而深化。目标的一致性决定了现代信息资源共建共享理论体系的研究离不开能够为其提供深厚理论积淀的传统建设理论。

1.传统信息资源建设理论对信息资源共建共享目标的实现有一定的制约

传统的信息资源建设理论比较偏重馆藏管理，并且在传统条件下，信息必须依赖于一定的物质载体而存在，文献信息内容与文献载体不可分割，使得资源建设过程中信息的共享问题实际转化为物质载体的共享问题，信息的可共享性得不到充分体现：一个单元文献不能同时满足两个以上用户的信息需求。另外还存在着文献信息传输途径单一等诸多客观障碍，所以传统的信息资源建设理论偏重实体馆藏的资源共享，而对虚拟馆藏的管理缺乏充分的认识和研究。其次，传统文献信息资源建设多是立足个馆，各图书馆只围绕自身的用户群进行资源建设，强调依赖个馆的资源建设来满足特定用户信息需求，不能从根本上摒弃"大而全""小而全"的建设理念。资源共建以系统布局和科学规划为出发点，强调以整体的资源建设实现对信息资源的完备保障，以满足社会对信息资源的需求（包括潜在需求），资源建设的广度（覆盖范围）由整个共建系统来保障，资源建设的专深度则由各图书馆来保障，所以共建共享在传统条件下得不到最有效的实施。在这种情况下，信息资源建设理论不能突破传统文献资源建设理论的桎梏，无法发生质的变化，只能继续强调个馆满足自身用户信息需求的能力。资源建设过程中是否将系统布局和科学规划放在首位，是资源共建与传统文献信息资源建设的根本区别。

2.信息资源共建共享目标的实施仍需遵循传统文献信息资源建设理论

随着计算机和通信技术的发展，信息资源共享已不再局限于原有的概念和模式，也不再局限于图书馆，而是全社会的信息资源共同实现共享发展。在共建共享条件下，信息资源组织在文献布局、文献排架、文献典藏等方面依然会尊重传统的文献信息资源建设理论。

在进行信息资源共建共享的同时，也需要重视信息资源的质量，不应不管优劣真伪，把所有信息资源都吸纳进来。零增长理论的前提之一就是要实行广泛的合作藏书，实行资源共享。在网络环境下，世界上任何一个图书馆都难以承受将所有文献全部数字化的重担，且各图书馆拥有重复资源是没有任何意义的。只有加强分工协作，注重特色藏书，优化馆藏结构，再加上网络环境使处于不同地理位置的图书馆能相互利用信息资源，才能实现资源共享。现代信息技术和网络环境下，图书馆的价值不再以其所拥有的馆藏规模、深度和广度等来衡量，而是以它能够为用户提供所需的所有各种形式的信息的能力来衡量。零增长理论为资源建设提供了新的视角，促使我们改变传统观念，使传统藏书向开放型、质量型发展，保持藏书体系高效生命力的同时，还要重视信息资源的不断更新（即注重信息资源的价值与时效性）。开展文献老化理论的研究，有利于更好掌握文献信息特性、判断文献时效和确定文献价值，从而帮助图书馆或情报机构评价和选择文献信息。剔除老化文献，是优化馆藏和提高文献信息服务效率的又一个重要环节。把老化的、过时的文献信息从有用的文献信息中分离出来，从而提高有用文献信息的检出概率和准确率。社会的飞速发展使得文献更新速度不断加快，文献信息工作更追求时间和效率，要加强文献信息报导，开展定题服务，满足用户不断增长和变化着的信息需求。信息资源的发展是一个动态的过程，其变化日新月异，对信息资源的增长和老化速度进行研究，及时剔除过时的信息资源，才能更好地保证信息资源的时效性和丰富性，提高用户检索信息资源的效率，最终保证用户及时获得更有价值的信息。

另外，对文献信息资源老化规律这一重要特征的研究，可以反映出科学发展的速度，揭示科学发展的规律，并分析出人类继承和发展科学知识的方式方法。由于信息资源的老化与学科性质有一定的关系，因此根据文献老化的指标数据就可以判断出学科的性质及其目前所处的发展阶段。对某一技术领域的文献老化性质进行研究，可以帮助人们估算出该领域技术的发展速度、适用时间以及可能被淘汰的年限等。

（三）存取与拥有理论与共建共享目标

由于技术条件的限制和观念意识的制约，我国的信息资源共建共享一直都没有得到很好的发展。存取与拥有理论的提出及其在实践中的应用，馆际互借、文献传递、数据库或因特网服务等各种信息保障和信息服务方式的出现，为信息资源共建共享的实现提供了全新而可行的模式。

1. 存取与拥有理论促进信息资源共建共享目标的实现

美国研究图书馆中心主任 D.B. 辛普森曾写过一个等式：资源共享 = 存取 + 拥有。他认为，有效的资源共享计划是存取和拥有的总和。存取必须利用通信、存贮和传递技术来加强，拥有则必须扩展为共享或共同拥有地方馆藏。他还认为，上述资源共享计划要获得成功，必须具备避免地方有限和共享有限的冲突、提供价值或增值、促成彼此之间的相互协调三个特征。换言之，成功的资源共享体系将能够实现合作采购、责任分担和馆际资源再调配等功能。D.B. 辛普森的资源共享模型较好地实现了存取与拥有的统一，阐明了存取和拥有的界限及相互依存关系，有助于图书馆界对资源共享的理解和规划，以及对各种资源共享活动的深化研究。资源共建共享的范围已经扩展到信息资源、信息人员、设备、设施和专业技能等在内的广阔领域，借助这些，图书馆正在朝着一体化的方向迅速发展，将会最大限度地提高用户的满意度并极大地促进人类文明程度的发展和提高。

20 世纪 90 年代以后，图书馆学界形成了关于存取与拥有理论研究的热潮，研究结论也从重拥有轻存取到重存取轻拥有，再到存取与拥有并重。但是发表出版刊物数量的增加、出版物价格的增长、图书馆收藏拥有能力不足的问题也接踵而来并且日渐突出。图书馆只依赖本馆拥有的馆藏信息资源来提供服务已经难以满足日益增长的社会信息需求，同样也难以满足用户的需求。因此图书馆需要协调存取与拥有的关系，并达成互补。网络技术、信息传播技术为存取与拥有的相辅相成奠定了技术基础，尤其是因特网为馆际互借、文献传递提供了技术支持，推动了馆际合作、馆际互借、联合编目。存取与拥有理论的提出及其应用为信息资源共享提供了新模式，通过馆际互借、文献传递、数据库或是因特网服务等信息保障和信息服务方式，信息资源共建共享目标的实现有了全新而可行的模式，存取与拥有促进了信息资源共建共享的发展及其目标的实现。

2.存取与拥有理论为信息资源共建共享的目标最大化满足用户的需求提供了实现方式

信息资源共建共享的目标是共享系统拥有一切信息资源，而且任何信息资源的存在都是唯一的，所有的资源建设单位都可以自由使用信息资源并服务信息用户，信息资源共享系统合力建设并且共享完整而不重复的信息资源体系。存取与拥有是信息资源来源方式的两个范畴，是馆藏建设的两种模式，为了达到信息资源共建共享的目标，最有效的方式就是将存取与拥有相加，最大化满足用户的需求。

图书馆是信息服务机构，之前传统的、被动的、坐等读者上门的服务方式已经不能满足现代读者日益增长的信息需求，新时代网络环境下的图书馆工作，应该更新观念，变被动为主动，充分利用共享资源，在利用现有馆藏为读者提供服务的同时，也要积极主动地向用户介绍存取馆藏，并利用存取馆藏帮助读者获取所需文献资源，只有当存取与拥有同时被广泛地用于读者服务工作并从中获益，信息资源共建共享工作才能真正落到实处，才能得到更深层次、更广泛的发展。单纯的存取或是单纯的拥有都不能最大程度地满足用户的需求，只有让存取与拥有协调发展，互相弥补不足，才能实现信息资源共建共享的目标。

3. 信息资源共建共享目标的实现和存取与拥有理论之间的辩证关系

在确立信息资源共建共享发展方向时，应充分考虑信息资源本身的性质、特点、类别、规模、基础等实际条件，从而判断有所为，有所不为。

建设图书馆信息资源共建共享体系，实现信息资源的共建共享，应该一切从实际出发，在收藏类型和结构上，形成印刷型、视听型、机读型、网络型等各类形态文献并存的多元化信息资源整体，必须科学地处理各类型资源之间的关系，使各类出版物之间的收藏比例保持结构合理，在确保重点书刊、常用书刊正常流通的同时，削减一些不常用且费用偏高的旧刊，取消订购一部分利用率较低的印刷出版物，优化现有藏书结构，需要时可以利用存取方式获得那些费用高利用率低的电子版书刊。

读者从各种检索工具和检索系统中查找文献线索，目的是获取原始文献及全文。但目前网络上原始文献较少，书籍的全文网络资源更是稀少，读者往往只能从网上获取索引或文摘，而得不到原始文献及全文，最终文献信息需求依旧得不到满足。因此，图书馆在制定馆藏结构的政策时，应该重视提高图书的拥有率。各种检索性、参考性文献即二、三次文献应该大量地以数字化形式存在，使读者通过网络传播就比较容易获得。再者，由于读者利用它们一般不是为了系统阅读，而是为了从中获取某些特定信息，因此，图书馆对这类文献应更多地利用存取的方式满足读者的需求。

（四）资源配置理论与共建共享目标

1. 资源配置理论与信息资源共建共享目标的一致性

众所周知，伴随着科技的飞速发展，信息资源已经成为现代社会最重要的资源，与物质资源、能量资源一起构成现代社会发展的三大支柱。信息资源不仅成为社会经济发展的重要保障，信息资源的开发利用水平也已经成为衡量一个国家综合国力的重要标志。信息资源的共建共享从本质上说其实是一种综合宏观的社会资源配置，所以各种资源配置的理论，对于信息资源共建共享有着重要的参考价值。信息资源共建共享的根本目标就是为了实现信息资源的经济价值和社会价值。

2. 资源配置理论为信息资源共建共享目标的实现提供了经济理论基础

信息资源具有高固定成本、低边际成本的特征，即信息资源从市场调研到投入研发再到产品生产这一流程中所需的投资很大，但此后对信息资源的复制成本却非常低廉。同时，信息资源作为公共品，还具有非竞争性和非排他性的特征，也具有非常明显的外部效应。

通过对信息资源这些经济特性的分析，不难得出信息资源天然具有公共品（或准公共品）的特性，进一步考虑，也就是信息资源天然具有共享的属性。对于信息资源这种特殊的商品，人们更倾向于体验性消费，但体验之后人们往往又不愿意再去购买，所以一般而言，用户更乐意租借消费，而非购买，图书馆提供的借阅服务恰恰能够满足人们的这种需求。随着信息品的急剧增加以及用户需求的多元化，如何使图书馆在有限资金的情况下实现信息资源的优化配置是图书馆在进入信息社会网络时代必须要认真考虑的问题。在高速发展的计算机技术、信息网络技术以及通信技术的基础上，图书馆在信息的搜集、整理、存储、加工和流通方面有了长足进步。在这里，人们真正打破了时空的限制，既能够即时将信息发送到世界各地，也能够瞬间获得大洋彼岸的所需信息。首先，借助网络优势，可以实现全天候且不受距离限制的服务模式，节省了操作成本和用户的时间成本以及费用成本；其次，信息资源属于公共品或者准公共品，其非竞争性和非排他性使得信息资源在构建共建共享系统的同时可以不用担心参建单位彼此之间的竞争；最后，资源配置理论能够为信息资源共建共享目标的实现提供高效、公平的配置理论和参考机制。

（五）系统论与共建共享目标

1. 系统论思想为信息资源共建共享目标的实现提供了价值依据

当前资源共建共享中面临的一个重要问题是，我国图书馆等文献机构之间缺乏合作和沟通，资源的重复建设和浪费情况严重，并且，各建设机构在资源建设过程中标准不一，各系统之间的信息资源转换、交流与兼容难以实现。究其原因，在于各建设单位之间缺乏共建共享的整体观念，各机构之间缺乏统一的指导分工。系统论的出现，提供了全面考虑问题的思想方法。系统论认为，任何一个大的系统，其内部各子系统之间存在密切联系，只有合理分工和相互协作才能使整个系统发挥更大作用。系统论要求从整体角度看问题，整体的功能大于各组成部分的功能之和。因此，信息资源共建共享有必要在系统论的指导之下，以整个共建共享系统的合理布局和科学规划为出发点，协调各个子系统的资源建设，避免资源的重复建设和标准不一等问题，最终实现整体效益的最优化。所以说，系统论思想为信息资源共建共享提供了价值论依据。

2. 系统论思想有助于提高资源共建共享目标的经济效益

信息资源的共建共享可以用尽可能少的资源满足尽可能多的用户

需求，它要求各单位之间进行资源的联合建设，但是若没有统一的指导，就可能出现资源的重复建设现象，无法发挥共建共享的最佳经济效益。系统论要求把事物当成一个相互联系的有机整体，要协调好大系统与子系统的关系，一切从整体出发，追求系统整体功能的最优化。因此，在信息资源的建设过程中，以系统论思想为指导，从共建共享系统的整体出发，合理规划与协调好各子系统之间的关系，才能减少人力、物力、财力的浪费，实现最佳的经济效益。

第三节　图书馆信息资源共建共享的保障

一、共建共享的思想观念保障

为保障"完整学科拼图"目标的实现，需要改善图书馆信息资源共建共享的政治、经济、社会、技术等方面的宏观环境，也需要解决体制、思想观念、知识产权等影响图书馆信息资源共建共享的具体问题。实现图书馆信息资源共建共享目标，还需具备思想观念保障、法律保障和技术保障。

思想观念是实践行动的前提。共建共享原则的确定、机制的选择、模式的构建乃至共建共享实践的开展，都需要共建共享参与者在思想观念方面的保障。当前，许多单位和个人对于共建共享的目标、权利与义务关系、共享效益等方面存在一些认识误区，严重影响了共建共享的推进，思想观念需要转变。

（一）打破观念中的条块分割

管理体制是组织结构形式，其实质是建立图书馆事业的运行机制。我国目前传统的条块分割、各自为政的纵向管理体制，极大地影响了图书馆信息资源共建共享的进程。

在我国，不同类型的图书馆分属不同的系统管理，在人员配备、经费拨付、服务范围与业务开展等方面存在较大差异。如公共图书馆属公共文化系统，其资金预算纳入当地财政计划；高校图书馆属高等教育系统，一般没有图书馆发展规划，也没有有效的资金保证机制。这种各自为政、条块分割、多元领导的图书馆管理体制，使图书馆的发展一直存在整体事业与管理分散的矛盾。缺乏宏观管理，没有权威性的机构进行统一规划和领导，各图书馆欠缺协作意识，文献信息资源共享效果较差，造成资源的分散无序和重复浪费、有效的文献信息资源闲置与短缺两个极端并存的局面。因此，打破条块分割的管理体制，建立统一宏观的权威管理机构，一直被认为是推进图书馆信息资源共建共享的关键一步。

然而，同行政管理体制中的条块分割相比，思想观念中的条块分割是影响共建共享的更大障碍。在国外，大多数高校图书馆都面向社会开放，并且自觉地承担起公共图书馆的社会职能。在我国，传统的自给自足的思想观念造成我们一味追求建设中的"大而全、小而全"，并且把个馆的资源当成私有财产，强调资源的权属，忽视或遗忘信息资源的公共物品属性。

因此，制约共建共享发展的最大障碍并不仅是行政体制的条块分割管理，更是思想观念中的条块分割。打破了思想观念的条块分割，行政管理体制中的条块分割自然就化为无形。

（二）明确共建共享目标

传统的文献信息资源建设理论将实用性作为资源建设的最重要原则，受传统理论的影响，许多单位在共建共享的实践中，不顾系统分工，不肯放弃对自己优势馆藏的建设，坚持根据本馆的服务任务和本馆用户的信息需求建设信息资源；或者一边建设自身的馆藏，一边完成共建任务，客观上造成了更多资源的重复和浪费，这实际上是对信息资源共享系统的不信任，与共建共享的方向完全背离。

在传统的信息资源建设中，各图书馆以提高用户信息服务水平为目标进行馆藏建设，因此强调馆藏信息建设的实用性原则，这是由图书馆的信息服务功能决定的。并且，非自动化和非网络化环境下，各单位之间的可共享的信息资源极为有限，以满足本馆用户需求作为服务宗旨就必须要突出其对馆藏信息建设的作用。基于这种宗旨，我国图书馆及信息机构形成了"大而全，小而全"的建设模式。然而，在现有信息技术条件下，信息资源共享要求减少资源的重复配置，提高信息资源建设的经济效率，最大限度地满足所有社会用户的信息需求。各建设单位应淡化"本馆"或"本单位"观念，一切从共享系统出发，提高整个信息资源共享系统的信息保障和服务能力。因此，应摒弃信息资源共建共享的实用性原则，代之以完整性原则。这种完整性不是建设单位自身的完整性，而是共建共享系统的宏观信息资源体系的完整性。只有这样，才能实现"完整学科拼图"这一建设目标，形成"完整而不重复"的信息资源保障体系。

（三）坚持权利与义务的统一

这一原则通常会有两种认识误区，一是"轻共建重共享"，二是认为"共享等于免费"。学术界有一种观点认为，信息资源共享应坚持自愿参加的原则，《图书馆合作与资源共享武汉宣言》也进一步确定建立图书馆联盟"坚持自愿平等、互惠互利的原则"。有人将该原则错误地理解为信息资源共享是随意的和自由的，即想参加就参加，不想参加可随时退出。实际上,信息资源共享必须以共建为基础,信息资源共享的首要因素是信息资源的合理有效配置。"先共建后共享"应成为信息资源共享的最基本原则。

首先,信息资源共享的直接目的就是减少信息资源的重复率,提高信息资源的保障率和利用率,从而更加有效地为用户服务。这就要求从宏观上加强组织协调和统一规划,各成员单位也加强分工协作,按照整个共享系统的要求发展自己的馆藏资源,避免重复和浪费。其次,在现代信息技术条件下,信息资源共享是以网络为基础的,各成员单位必须基于共同的业务标准才能够更有效地保证共享功能的实现和共享系统的和谐。《图书馆合作与资源共享武汉宣言》明确指出"标准化是信息社会的基石,是信息资源共享的重要前提",这极大肯定了共建在信息资源共享中的基础地位。然而,现在的许多研究者对这个问题并没有给予足够的重视,建设实践时仍然在走一条"先自建后共享"的道路,即各单位在自我建设的基础上,自发地组织或加入一个共享系统中,该共享系统也随之逐渐扩大规模。这种以"各自为政、自我建设"为基础的共享系统组建范式,必然导致各共享系统之间信息资源的大量重复,严重影响信息资源共享的效率,同时技术规范能否兼容等问题也会对信息资源共享进程产生巨大影响。因而,信息资源共享必须以共建为基础,从观念上将信息资源共享视为信息资源的共建共享。

关于共建共享是有偿还是免费的问题,美国图书馆学家肯特认为,"资源共享"最确切的含义是互惠,很多学者也将平等互惠原则作为信息资源共享的原则。然而,由于信息资源共享是一项国家或地区性的公共政策体制下的政府主导行为，往往由中心馆进行统一的规划、配置、管理和调节，因此不宜采用市场模式开展资源共享，加之缺乏一种行之有效的利益平衡机制，一些参加共建共享的图书馆特别是中小型图书馆产生了一种错误认识：既然共享是由政府主导的，在共建共享过程中，无论所做的工作多少，共享时都是免费的。因而有些单位参与共建时的积极性和主动性不高，却一味地追求共享，出现重存取、轻拥有的错误倾向，信息资源共建共享进展缓慢，共建共享效果不尽如人意。

为解决这个问题，有学者提出大中小图书馆相结合的共享原则，《图书馆合作与资源共享武汉宣言》中也提出"鼓励经济发达地区的图书馆帮助欠发达地区的图书馆，大型图书馆帮助中小型图书馆，以逐步缩小图书馆之间的信息鸿沟"。实际上，如果不能从机制上解决问题，仅仅提出这样的行动方向，可能会加强中小图书馆在信息资源共享中的依赖心理，无益于问题的解决。因此，必须引入激励机制，将信息资源的共建共享与图书馆评估结合起来，由共建共享的组织管理机构按照"付出多、收获多"的精神予以经费支持，体现"多劳多得"，避免"大锅饭"思想，体现"权利与义务相统一"的逻辑框架。只有在观念上坚持义务与权利的统一，认识到共建是共享的前提，共享中的收益来源于共建中的付出，共建共享的机制才得以顺利运行。

二、法律与制度保障

法律保障是顺利开展信息资源共建共享并实现其目标的前提。

（一）图书馆法

自从改革开放以来，我国国民经济的持续进步为图书馆事业的发展提供了有利的条件。但图书馆界应清醒地看到，我国图书馆事业特别是图书馆事业的法律建设还落后于发达国家。我国虽然早在1910年就制定了《京师及各省市图书馆通行章程》，规定京师馆，各省、府、州、县的图书馆经费分别由学部、提学使司及地方公款筹集拨付，但直到今天，还没有出台图书馆法。1957年，国务院公布的《全国图书协调方案》，是新中国成立后国家颁布的第一个指导图书馆工作的文件，对我国图书馆事业特别是图书馆的共建共享在这一时期的较快发展起了重要作用。1962年，当时的国家科学技术委员会组织制定并颁布了《1962—1972年科学技术发展规划纲要》，其中就"图书馆"部分提出了全国文献资源整体规划建设的意见，我国文献资源共建共享工作也呈现良好势头。

十一届三中全会以后，图书馆事业得到恢复和发展，各系统主管部门先后制定和颁发了本系统的图书馆工作条例，对各系统的文献信息资源建设提出了原则性、方向性规划并付诸实践，一些地区性的外文采购协调也取得了一定的成绩。

2017年11月4日，第十二届全国人民代表大会常务委员会第三十次会议表决通过了《中华人民共和国公共图书馆法》。这是党的十九大之后出台的第一部文化方面的法律，也是公共文化领域继《中华人民共和国公共文化服务保障法》之后的又一部重要法律，并于2018年1月1日起正式实施。

《中华人民共和国公共图书馆法》关注如何让更广大的人民群众更好地享受到公共图书馆及其服务。公共图书馆法以宪法为依据，对接《公共文化服务保障法》的要求，确定了公共图书馆的基本原则和目标方向，构筑了公共图书馆的制度体系，充实和完善了文化法律制度的内容，弥补了我国文化立法的"短板"，为促进图书馆事业发展、建设社会主义文化强国提供了强有力的法律支撑。

（二）知识产权保护制度

知识产权保护制度旨在保护智力成果的创始人对成果依法享有的权利。图书馆信息资源共建共享的最终目标是最大限度地满足用户对图书馆信息资源的充分利用。网络环境下如何协调信息资源共建共享与知识产权之间的关系，或者说信息资源共建共享过程中如何正确应对知识产权法的约束，这是知识产权制度发展和信息资源共建共享实践发展需要共同面对的问题。

共建共享中的知识产权保护主要涉及著作权的保护问题。网络环境下，著作权保护的对象已经不只是纸质印刷型图书，著作权保护的客体范围不断扩大，从印刷版权、电子版权时代发展到网络版权时代。在网络环境下，网络版数据库、多媒体作品的著作权保护成为版权保护的新内容。

1.共建共享知识产权制度的矛盾

随着信息资源共建共享实践不断向前推进，共建共享与知识产权保护之间的矛盾却越来越明显。

第一，数据库使用涉及的知识产权问题。数据库是图书馆自动化的基础，也是图书馆数字化的起点。目前，各馆都已建成馆藏书目数据库，为了扩充图书馆的信息资源、使更多的信息内容数字化，还要购买他人的数据库来扩充馆藏，主要方式就是购买联机数据库和网络数据库的使用权。但同样是因为网络化的便捷灵活，数据库的不正当复制变得轻而易举，难以防范。数据库的制作者依法享有版权，图书馆利用数据库时必须依法授权使用，平衡数据库生产者和使用者的利益，防治不正当复制，否则会引发知识产权纠纷。

第二，信息资源共建过程中存在知识产权隐患。我国数字图书馆建设中的信息资源采集主要来源于丧失版权或版权问题已经解决的图书，然而这远远满足不了需求，还需要在不断加入新的高质量的信息资源的同时，辅之以对网络资源和电子出版物等多种形式的采集，其必将涉及众多拥有版权的、以多种载体形式发行的作品。与此同时，在数据库建设过程中，只有当开发者们拥有知识作品的版权，或作品是在公有领域的出版物，或是获得了著作权人的许可，才能将该作品进行数字化转换，否则就会构成著作权侵权行为，引起知识产权问题。

第三，缺乏相应的管理机制、监督机制和协调机制，未能建立起一整套行之有效的知识产权保障体系。例如，某些学科权威性较高的原版外文期刊，因为订购费用较高，加入WTO以前各馆较为普遍的做法是，由某出版社或图书公司购买后通过激光照排或胶印，然后再以各单位能够接受的价格出售。实质上，这也构成了与相关法律法规冲突的盗版行为。加入WTO之后，诸如此类的侵权行为虽得到了遏制，但图书情报机构很快又陷入了另一种窘境，那就是学术水平较高但价格不菲的原版外文期刊的购买量大幅减少，从而影响文献信息资源保障率的提高。

2.应对措施

针对上述问题，除了加强知识产权法的宣传和学习、实施流程监控、运用高技术手段进行限制外，更为重要的是完善知识产权法，或者尽量规避信息资源共建共享过程中所涉及的知识产权问题。为此，以下几点对策值得考虑。

第一，适度地与出版界合作，尽量规避版权问题。面对总体强势的版权保护措施，出版社获得了一些作品的使用权。出版社利用自己的专业优势及经验进行选题优化，并利用作品授权上的优先和经济性为共建共享提供丰富的信息资源；共建共享通过网络技术优势，通过数据库、展示平台、信息数字化传输，可以对出版社作品形成良好的宣传效应。

第二，充分利用著作权法中的"合理使用"。关于这一点，世界各国现行的著作权法都在不同程度上允许社会公众的合理使用。《中华人民共和国著作权法》中有关权利的限制条款规定了12种情况"使用作品，可以不经著作权人许可、不向其支付报酬，但应当指明作者姓名、作品名称，并且不得侵犯著作权人依照本法享有的其他权利"。其中包括：为个人学习、研究或欣赏，使用他人已发表作品；为介绍、评论某一作品或者说明某一问题，在作品中适当引用他人已经发表的作品；图书馆、档案馆、纪念馆、博物馆、美术馆等为陈列或者保存版本的需要，复制本馆收藏的作品。判断对作品的利用是否属于"合理使用"的主要因素包括以下4种：利用的目的和特性，包括这种利用是否具有商业性质或是为非营利的教育目的；版权作品的特征；所利用的与版权作品有关的数量与内容；对版权作品的潜在市场或价值利用的影响。因此，充分利用著作权法的"合理使用"条款，可以解决部分信息采集和信息资源数字化过程中的知识产权问题。一般的复制，如果没有任何营利目的，则无须付费。共建共享过程中的信息资源数字化是属于复制行为，但如果是基于服务的并且没有任何营利目的，也属于合理使用。并且在实践中，许多作者即使没有稿酬也愿意自己的作品被收录到信息资源共享体系中，以数字化的方式得到更广泛的传播。当然，凡是著作权人声明不同意将其作品上传网络的，就必须尊重著作权人的选择。

第三，重视知识产权立法与执法。特别是在与信息资源共建共享密切联系的著作权法方面，应对现有的著作权法内容进行相应的修改、扩展，逐步完善知识产权保护制度，适应信息时代的迫切要求。图书馆界要在图书馆法的立法及修订过程中积极争得《著作权法》赋予的法定许可权。

（三）相关信息法规保障

信息资源是知识经济时代依托的一种主要资源，知识的生产、分配、交换和利用过程都需要以信息资源为基础和支撑。信息资源为信息社会成员共同享用，即信息资源共享。信息资源的特征之一是具有共享性，但是，对于信息资源总体来说有一部分是无条件共享的，如自然信息资源；另一部分是有条件共享的，如社会信息资源。有条件共享的信息资源又可分为有偿共享和无偿共享两大类。

信息法是调整在信息活动中产生的各种社会关系的法律规范的总称，应用对象是在信息活动中产生的各种社会关系。在社会成员共享信息资源的过程中，必然会产生各种矛盾，这些矛盾必须由信息法来调整。同时，信息法对信息资源共享也产生了各种影响，以下从信息资源有偿共享、无偿共享、安全共享三方面讨论信息法的影响。

1. 信息法对信息资源有偿共享的影响

首先，信息法确定了共享主体的法律地位；其次，信息法能调整信息主体在经济活动中的各种关系；再次，信息法可以解决信息主体在经济活动中的各种纠纷。

2. 信息法对信息资源无偿共享的影响

一是表现在保障公民的信息自由权方面；二是表现在保护消费者获取信息权方面。

3. 信息法对信息资源安全共享的影响

信息法所建立的法律秩序将信息资源共享中形成的不安全因素都纳入法律的控制之下，通过法律形式对其加以确认、调整和维护，形成法律关系。

（四）标准规范制度

信息资源的共建共享需由众多信息资源的成员单位共同合作、协同开发才可以实现，并且还有赖于各种标准规范的统一以求实现"完整学科拼图"的无缝衔接。在现实当中，图书情报系统使用的自动化系统，以及数字图书馆的相关系统，一般都出自不同的研发单位，在业务环节中执行的技术标准各异，系统开发没有采用国际、国家或行业标准，这些系统单独在一个馆里使用也许没有太大的问题，一旦联网共享后，立刻显现出弊端，这也为我国与国外图书馆的合作带来了困难。例如，国家图书馆和CALIS采用的CNMAKC标准都不尽相同，这为数据交换或系统横向连接带来了麻烦。此外，一些图书馆没有严格采纳国际/国家标准，而是在这些标准的基础上进行了扩展或是细微改动，这也会为系统对接或数据交换带来一定的麻烦。

数字图书馆作为网络环境下提供数字信息资源和服务的系统机制，需要建立和遵循有关数字化加工、资源描述、资源组织、资源互操作和资源服务等方面的标准和规范，需要采用和遵循内容编码、数据通信、计算机系统、安全、管理、知识产权、服务运营等方面的标准和规范，才能保证信息资源和服务的可使用性、互操作性和可持续性。

三、技术保障

信息资源共建共享目标要求完整的信息资源体系能够为用户所自由共享，这就要求以计算机和网络为代表的现代信息技术能够提供完备的技术保障。事实上，图书馆事业包括共建共享实践的每一步发展都离不开技术的支持。其中，共建共享对存储技术、资源组织技术、访问技术的要求最为迫切。

（一）共建共享对存储技术的要求

在信息时代，人们越来越深刻地认识到信息存储的重要性，随着"知识爆炸""信息爆炸"以及多媒体信息的日益增多，大量的信息需要存储，对信息的存储量提出了更高的要求。随着网络信息服务的发展，人们在追求存储系统容量扩增的同时，也越来越关注信息管理的有效性、安全性和数据存取效率。另外，不同的数据结构和系统平台，不再受地域空间的约束，可以面向全球提供信息服务，这一便捷性对信息存储技术也提出了新的要求。

鉴于上述存储目标的要求，传统的存储体系虽然有很多的优点，但仍存在不足，必须设计新的存储体系来解决。传统的存储体系主要包括三种存储结构：直连存储（DAS）、附网存储（NAS）和存储区域网（SAN）。其中，SAN可较大程度地改进数据的可访问性，提高系统的可扩展性，增强数据的可管理性以及充分发挥服务器自身性能，它在一定程度上代表着数字图书馆存储技术的未来发展方向。SAN 将存储设备通过专用光纤通道连接到一群计算机上，独立于以太网网络系统之外，形成几乎拥有无限存储的高速存储网络。该网络中提供了多主机连接，采用高速的光纤通道作为传输媒体，以 FC（光纤通道）+SCSI 的应用协议作为存储访问协议，将存储子系统网络化，实现真正的高速共享存储。SAN 消除了服务器的许多 I/O 处理瓶颈，适合大数据量传输和实时数据处理，突破性地解决了海量数据资源的存储需求问题。从物理角度上看，典型的 SAN 的应用主要由 4 个部分组成：用户平台（即 PC 机等）、服务器、存储设备、互联设备。目前也出现了多种新的存储技术，如基于 IP 的 SAN 存储技术、NAS Gateway、对象存储等。

全息光存储技术是依据全息学的原理，将信息以全息照相的方式保存起来，它不但把物体光的强度（普通照相）分布记录下来，而且把物体光的位相分布也完整地记录下来，即记录了物体光的全部信息。全息存储技术具有高存储容量、高数据传输速率和快速存取、冗余高度、可进行并行内容寻址等特点。传统的二维存储技术，如磁存储、光存储等存储技术虽然也在不断地得到改进和提高，但是这些存储技术正在接近其物理极限，因此这种全息光存储技术具有极大的市场竞争力。全息光存储系统的存储容量、传输速度和系统体积都与存储介质密切相关，因此存储介质是全息光存储的一项关键技术，用于全息光存储系统的存储介质需要具备高光学质量、高动态范围、高光敏性和高稳定性的特点。

全息光存储系统采用合理的复用技术可以有效地增加系统的存储

容量，提高存储系统的性能。常见的几种复用技术包括：空间复用、体积复用（包括角度复用、位相编码复用、波长复用）和混合复用等。在全息光存储系统中，采用有效的信号处理方法能抑制记录通道中存在的各种噪声，减少数据的误码率，通常采用纠错编码、交错和调制编码相结合的方式来对数据进行编码。此外，激光光源和其他光电器件（如SLM和CCD等）性能的优劣对全息光存储系统也有直接的影响。

随着"云时代"的到来，云存储也走进了我们的生活。"云存储"就是将用户数据统一存储在"云计算中心"或者"云存储中心"，并整合存储用户信息。云存储由"云存储中心"对用户数据提供数据存储、加载、维护等相关应用程序。云存储还可以解决很多问题，如可以将文件复制并且存在不同的服务器内，这就很好地解决了硬件意外损坏的问题，避免出现服务停止的现象，而且与建立一个全冗余的备用环境相比，云存储会大大降低成本并减少工作量。云存储的扩容非常简单，容量分配不受物理硬盘限制，云存储分配给每个项目的存储容量可以超过实际的存储容量，随时可以购买新的服务器，原来的服务器也不受任何影响，这与资源的共建共享非常契合。

（二）共建共享对资源组织技术的要求

通过引进和自建数据库，图书馆电子资源的建设已经初具规模，电子文献在信息服务中所占的比重也陆续增加。在继续加强电子资源建设的同时，图书馆开始更加关注电子资源的管理工作，整合已有的资源，将不同类型、不同结构、不同环境、不同用法的各种异构数据库纳入统一的检索平台，以便用户高效地获取信息，这也是信息资源共建共享目标的要求所在。

在数字环境中，资源的组织更多关注的是知识组织，即知识发现和知识共享，因此新的组织技术应运而生，用以实现异构资源的整合和深层次资源的组织和开发。资源组织技术的发展主要涉及以下几个方面。

1. 数据库技术

数字图书馆就是存在于因特网上的巨型数据库。数字图书馆中信息的获取、存储、组织、检索、分析和统计都离不开数据库技术。数字图书馆信息组织的数据库技术，主要有面向对象数据库技术、关系数据库技术、多媒体数据库技术、非结构化数据库技术和数据仓库技术等。当前数字化信息组织技术中应注重解决的问题主要是信息组织的标准化问题、信息资源标引问题和数字资源的检索问题。这几种数据库技术在对信息数据的组织方面各有所长，技术本身也处在一个不断发展的阶段。到目前为止，还没有一种数据库技术能独自完成数字图书馆中的全部信息组织功能，需要在其他数据库技术的协助下共同完成。

2. 知识网格技术

知识网格是一个智能环境，它能使用户或虚拟角色有效地获取、发布、共享和管理知识资源，并为用户和其他服务提供所需要的知识服务，辅助实现知识创新、协同工作、问题解决和决策支持。从定义我们可以得出，知识网格的研究目标是建立基于下一代 Web 的信息、知识和服务资源有效共享和管理的模型、方法和平台。

网格技术要求人类采用新的知识组织方式来建立知识管理的大平台。网格技术的发展，从技术手段实现了海量文献的信息管理深化到

"知识单元"层次的可能性。知识网格将分布在不同区域数据库中的知识资源按照统一的加工标准进行整合。各类信息都可以在网格的基础上,跨越不同的知识库,按知识概念和学科门类再建立起某种关联,从而建立起超越地域限制和具有可扩展性的巨大的"知识网络",满足用户在更广范围内获取更专业化与个性化知识的需求。

3. 主题图技术

主题图是一种新兴的数字化知识组织方式,是一种用于描述信息资源的知识结构的数据格式,它可以定位某一知识概念所在的资源位置,也可以表示知识概念间的相互联系。

作为一种知识组织方式,主题图技术中包括了知识组织所关注的可以改进信息检索的技术,并有所发展。主题图技术吸收了索引的款目、参照系统、出处等基本概念,并把它利用于数字信息的组织上;主题图吸收了叙词表在控制方面的思想,并在传统叙词表的用、代、属、分、族、参的简单关系基础上,具有灵活定义概念之间关系的类型的功能,使用者可以根据领域概念的特点灵活地定义概念之间的关系;主题图将分类表中分类的思想用在主题的类型划分上,并可以通过定义不同的范围,展现不同角度的分类;主题图利用出处机制,将语义结构与信息资源连接起来,成为知识管理和信息资源管理的桥梁。

主题图还是一种知识表现语言。知识表现语言的最终目的是使计算机帮助人们处理知识结构,这是语义网发展的要求,也是主题图技术发展的方向。主题图是一种简单的本体语言,它在形式化和推理机制上还有待完善。由于主题图技术吸收了各种知识组织方法的长处,并采纳了Ontology和语义网的部分思想,它可以满足数字化时代知识组织的某些需求。

4.关联数据技术

关联数据采用RDF（资源描述框架）数据模型，利用URI（统一资源标识符）命名数据实体，在网络上发布和部署实例数据和类数据，从而可以通过HTTP（超文本传输协议）揭示并获取这些数据，同时强调数据的相互关联、相互联系以及有益于人和计算机所能理解的语境信息。

关联数据网络和当前的超文本网络有所不同，超文本网络的基础单元是由超链接所连接起来的HTML（超文本标记语言）文件；关联数据并非是简单地连接这些文件，而是使用RDF形成链接世界上任何事物的网络，即数据网络。关联数据网络的出现不但对当前的超文本网络进行了扩展，同时也对当前网络上纷繁混乱的信息资源进行了甄别、选择和定位。

5.大数据技术

大数据，也称巨量资料，指的是所涉及的资料量规模巨大到无法通过目前主流软件工具，在合理时间内撷取、管理、处理并整理成帮助用户决策的资讯。"大数据"首先是指数据体量大，指代大型数据集，一般在10TB规模左右，但在实际应用中，很多企业用户把多个数据集放在一起，已经形成了PB级的数据量；其次是指数据类别大，数据来自多种数据源，数据种类和格式日渐丰富，已冲破了以前所限定的结构化数据范畴，囊括了半结构化和非结构化数据。围绕大数据，一批新兴的数据挖掘、数据存储、数据处理与分析技术不断涌现，人们在处理海量数据的时候更加容易、方便和快捷。

参考文献

［1］马费成.信息资源开发与管理[M].北京：电子工业出版社，2004.

［2］杨卫国，陈豪，梅雪芳，等.深入调研用户需求优化藏书资源配置[J].中华医学图书情报杂志，2009，18（6）：41-42.

［3］冯承柏，王崇德."信息资源"的研究[J].情报理论与实践，1996（6）：7-10.

［4］李芳，彭佳，杨眉.学科信息资源建设方法[M].上海：上海交通大学出版社，2012.

［5］都路朋.图书馆信息资源建设风险管理研究[D].太原：山西大学，2012.

［6］国家图书馆研究院.国内外图书馆学研究与实践进展：2007—2008[M].北京：国家图书馆出版社，2009.

［7］高凡.信息资源建设的现状与趋势[J].图书情报工作，2004（4）：5-10.

［8］熊健.基于ISO27001的数字图书馆信息安全风险评估研究[D].南京：南京农业大学，2009.

［9］林水秀.高效图书馆资源建设与管理研究[M].长春：吉林大学出版社，2016.

［10］肖希明，袁琳.中国图书馆藏书发展政策研究[M].南京：南京大学出版社，2002.

[11] 杨曰建.基于博弈论的图书馆信息资源建设问题研究[D].哈尔滨：黑龙江大学，2012.

[12] 程荷艳.网络环境下高校图书馆信息资源的开发利用[D].郑州：郑州大学，2012.

[13] 张桂荣.对高效图书馆信息资源建设的思考[J].大学图书馆学报，2008（1）：36-38.

[14] 程焕文，潘燕桃.信息资源共享[M].北京：高等教育出版社，2006.

[15] 刘家真，秦书凰，颜晓栋，等.拯救数字信息：数据安全存储与读取策略研究[M].北京：科学出版社，2004.

[16] 翁晓兰.现代图书馆风险管理应用浅析[J].浙江中医药大学学报，2009（4）：596-597.

[17] 中国大学图书馆馆长论坛.图书馆合作与信息资源共享武汉宣言[J].大学图书馆学报，2005（6）：2-4.

[18] 曹均.网络环境下高效图书馆信息资源采访[M].成都：电子科技大学出版社，2008.

[19] 冉去疾.国家图书馆书目数据若干分类问题简析[J].国家图书馆学刊，2002（2）：36-37.

[20] 曹明辉.论知识经济时代图书馆信息资源建设[C]//福建省图书馆学会2002年学术年会论文集，2002.

[21] 沈允宁.试论博物馆、图书馆信息资源的利用[C]//《图书情报工作》杂志社第20次图书馆学情报学学术研讨会论文集，中国文物报，2008：797-798.

[22] 牛文杰.图书馆信息资源系统简单柔性才能高效[C]//黑龙江省图书馆学会学术会议论文集，2003.

[23] 荆品娥.论理想的存在[J].商丘师范学院学报，2002（4）：

77-79.

［24］方磊.论网络化图书馆与信息资源共享[C]//福建省图书馆学会2006年学术年会论文集，2006.

［25］徐枫，宦茂盛.元数据检索按图索骥[N].计算机世界，2007：11-12.

［26］苏明.专家热议数字图书馆可持续发展[N].科技日报，2008.

［27］郭海明.论数字图书馆信息服务[J].图书与情报，2005（2）：64-67.

［28］蔡翠盟.浅论图书馆信息资源整合模式及其实现技术[J].图书与情报，2009（4）：87-90.

［29］冯兰萍.本体在智能信息检索系统中的应用研究[D].南京：河海大学，2005.

［30］沈利峰.数字图书馆网络信息资源整合研究[D].北京：中国农业科学院，2005.

［31］郭星寿.试论图书馆科学管理的经济原则[J].武汉大学学报：人文科学版，1981（3）：93-97.

［32］朱萍.馆藏数字资源整合方案研究[D].郑州：郑州大学，2005.

［33］崔玉卿.论图书馆网络信息资源的整合[J].情报资料工作，2003（4）：47-48.

［34］赵冬梅.图书馆信息资源整合[J].情报科学，2005（3）：362-366.

［35］王俊俐.对图书馆信息资源科学化建设和管理的若干思考[C]//信息时代：科技情报研究学术论文集（第二辑），2006.

［36］吴怡青.论现阶段图书馆数据库建设[J].现代情报，2009（4）：100-104.

［37］刘彦瑜，吴花.论网络环境下图书馆效益[J].高校图书馆工作，

2008（1）：75-77.

［38］奉国和，奉永桃.近十年国内图书馆数据挖掘研究文献计量分析[J].图书馆论坛，2011（1）：46-49.

［39］郭星寿.浅谈图书馆科学管理的基本原则[J].图书馆工作与研究，1981（4）：23-26.

［40］阎守礼.美国现代图书馆学情报学教育概况[J].现代图书情报技术，1981（4）：21-31.

［41］罗晓鸣，李雯.Web2.0带给图书馆信息资源建设的启示[J].高校图书馆工作，2011（4）：59-61.

［42］李素梅.基于云计算的高校图书馆信息资源建设[J].河南图书馆学刊，2011（3）：151-153.

［43］徐淑云.中学图书馆（室）信息资源建设问题研究[D].长春：东北师范大学，2007.

［44］戴洪霞.数字图书馆信息资源建设研究[D].长春：东北师范大学，2002.

［45］胡敏.论高校图书馆网站建设[D].湘潭：湘潭大学，2003.

［46］王芳.我国体育院校图书馆优势竞技体育信息资源建设研究[D].长春：东北师范大学，2008.

［47］冯晓玉.学科导航中网络信息资源建设策略研究[D].大连：辽宁师范大学，2008.

［48］单冠贤.基于效益原则下的高校图书馆信息资源优化配置研究[D].南京：南京航空航天大学，2007.

［49］罗晓鸣.高校图书馆数字资源利用存在的问题及优化管理举措[J].情报资料工作，2004（6）：43-44，56.

［50］徐菊香，黎明.新形势下的图书信息化管理[J].中国管理信息化，2011（17）：97.